LOGIQUE

GÉNÉRALE ET APPLIQUÉE

PAR

M. de FORNEL de la LAURENCIE

PARIS

LIBRAIRIE CH. DELAGRAVE

15, RUE SOUFFLOT, 15

LOGIQUE

DU MÊME AUTEUR

Métaphysique, Ontologie, Cosmologie, 1 vol. in-12.................................... **2 fr.**

Pour paraître prochainement :

Éthique et Esthétique, 1 vol. in-12....... **2 fr.**

LOGIQUE

GÉNÉRALE ET APPLIQUÉE

PAR

M. de FORNEL de la LAURENCIE

PARIS

LIBRAIRIE CH. DELAGRAVE

15, RUE SOUFFLOT, 15

LOGIQUE

GÉNÉRALE

1° De l'Idée.

Distinction de l'Idée et du concept.
Toute idée est vraie, claire et distincte, positive, générale.
Compréhension. Définition, règles ; définition réelle et nominale.
Extension. Division, règles.
Comparaison et opposition des idées ou concepts.
Terme : qualité et quantité.
Rapports { d'inclusion ou d'exclusion. / d'identité ou de degré.

2° Du Jugement.

Vérité, fausseté du jugement ; jugements essentiels ou existentiels.
Jugements analytiques et synthétiques. — Jugements *a priori, a posteriori*.
Evidence, ses caractères ; jugements d'évidence.
Certitude objective. Motifs de certitude. { Evidence. Sens. Mémoire. Induction, son fondement.
Critérium de certitude. Diallèle.
Probabilité. Causes d'erreur.
Proposition. { Qualité et quantité. Modes.

3° Du Raisonnement

Déductif. { Déduction immédiate. { Opposition ; règles des { contraires. subcontraires. contradictoires. subalternes. / Conversion ; réciproques, corrélations.
Déduction médiate. Syllogisme. { Figures. Modes. Règles. Variétés.
Inductif. { L'induction et la déduction assimilées. Inférence dite du particulier au particulier. Règles générales de l'induction { physique. morale. Induction métaphysique. Analogie. Hypothèse, ses règles. (Induction formelle.)
Sophisme de déduction et d'induction.

4° De la Méthode

Choix des raisonnements : { méthode rationnelle, déductive. méthode expérimentale, inductive.
Ordre des raisonnements et invention du moyen terme : { analyse. synthèse.
Démonstration, preuves.
Théorèmes et problèmes.

APPLIQUÉE

1° Méthode des mathématiques.

Concepts et définitions.
Propositions, opérations.
Principes ; axiomes, postulat.
Raisonnements.
Analyse et synthèse en mathématiques.
Rôle de l'induction en mathématiques.

2° Méthode des sciences physiques.

Expérience ; règles de l'observation, de l'expérimentation.
Généralisation de l'expérience.
Interprétation de l'expérience.
Tables de Bacon. Méthodes de Stuart Mill.
Lois empiriques ; lois dérivées.
Analyse et synthèse rationnelles.

3° Méthode des sciences naturelles.

Caractères naturels.
Lois naturelles.
Induction naturelle.
Classification, subordination des caractères.
Classification analytique et synthétique.
Lois primordiales de connexions et de corrélations organiques.
Définitions naturelles.
Analogie ; hypothèses.
Rôle de la déduction dans les sciences naturelles.

4° Méthode des sciences morales.

Rapports moraux.
Sciences morales, idéales et réelles.
Légitimité des sciences morales réelles.
Loi des grands nombres.
Division des sciences morales réelles.
Sciences morales théoriques et pratiques.

5° Méthode des sciences sociales.

Faits sociaux.
Lois sociales.
Déduction et induction en sociologie.
Formules mathématiques.
Hypothèses.
Importance de la sociologie.

6° Méthode de critique testimoniale.

Critique du fait attesté.
Critique du témoin.

7° Méthode historique.

Critique historique. { Traditions. Monuments. Écrite.
Philosophie de l'histoire.

APPLIQUÉE

<table>
<tr><td rowspan="6">1° De l'Idée.</td><td>Distinct</td><td>Concepts et définitions.</td></tr>
<tr><td>Toute i</td><td>Propositions, opérations.</td></tr>
<tr><td>Compré</td><td>Principes ; axiomes, postulat.</td></tr>
<tr><td>Extensi</td><td>Raisonnements.</td></tr>
<tr><td>Compa</td><td>Analyse et synthèse en mathématiques.</td></tr>
<tr><td>Terme :</td><td>Rôle de l'induction en mathématiques.</td></tr>
<tr><td rowspan="16">2° Du Jugement.</td><td rowspan="6">Rappor
Vérité,
Jugeme s.
Evidenc</td><td>Expérience ; règles de l'observation, de l'expérimentation.</td></tr>
<tr><td>Généralisation de l'expérience.</td></tr>
<tr><td>Interprétation de l'expérience.</td></tr>
<tr><td>Tables de Bacon. Méthodes de Stuart Mill.</td></tr>
<tr><td>Lois empiriques ; lois dérivées.</td></tr>
<tr><td>Analyse et synthèse rationnelles.</td></tr>
<tr><td rowspan="10">Certitud
Critériu
Probabi
Proposi
s.</td><td>Caractères naturels.</td></tr>
<tr><td>Lois naturelles.</td></tr>
<tr><td>Induction naturelle.</td></tr>
<tr><td>Classification, subordination des caractères.</td></tr>
<tr><td>Classification analytique et synthétique.</td></tr>
<tr><td>Lois primordiales de connexions et de corrélations organiques.</td></tr>
<tr><td>Définitions naturelles.</td></tr>
<tr><td>Analogie ; hypothèses.</td></tr>
<tr><td>Rôle de la déduction dans les sciences naturelles.</td></tr>
<tr><td></td></tr>
<tr><td rowspan="12">3° Du Raisonnement</td><td rowspan="6">Déductif</td><td>Rapports moraux.</td></tr>
<tr><td>Sciences morales, idéales et réelles.</td></tr>
<tr><td>Légitimité des sciences morales réelles.</td></tr>
<tr><td>Loi des grands nombres.</td></tr>
<tr><td>Division des sciences morales réelles.</td></tr>
<tr><td>Sciences morales théoriques et pratiques.</td></tr>
<tr><td rowspan="6">Inductif.
Sophisn</td><td>Faits sociaux.</td></tr>
<tr><td>Lois sociales.</td></tr>
<tr><td>Déduction et induction en sociologie.</td></tr>
<tr><td>Formules mathématiques.</td></tr>
<tr><td>Hypothèses.</td></tr>
<tr><td>Importance de la sociologie.</td></tr>
<tr><td rowspan="5">4° De la Méthode</td><td rowspan="2">ue
Choix de</td><td>Critique du fait attesté.</td></tr>
<tr><td>Critique du témoin.</td></tr>
<tr><td rowspan="3">Ordre d
Démons te.
Théorèn</td><td>Critique historique. { Traditions. / Monuments. / Ecrits.</td></tr>
<tr><td></td></tr>
<tr><td>Philosophie de l'histoire.</td></tr>
</table>

LOGIQUE

La Philosophie étant la *science des sciences* (*Mét.*, p. 6), la Logique doit se définir la *science des formes scientifiques*. Des deux éléments à considérer dans toute science, la matière et la forme, l'un est l'objet de la Métaphysique, science de la matière première et générale des sciences (*Mét.*, p. 22); l'autre est l'objet de la Logique, *science des voies et moyens par lesquels on arrive à la connaissance scientifique* des vérités d'ordres divers. La matière, le fond de la Logique, c'est précisément ce qui constitue la forme des autres sciences : concepts, jugements, raisonnements, méthodes; c'est-à-dire l'ensemble des opérations qui conduisent à une connaissance certaine. La Logique est donc vraiment la science formelle des autres sciences, plutôt que, comme le veulent certains logiciens, la science des formes de la pensée, définition qui convient mieux à la Psychologie qu'à la Logique. Si l'on assimile les sciences à autant de codes distincts, la Logique représente le code de procédure et d'instruction scientifique. La Métaphys:que est au fond de toutes les connaissances; la Logique est la forme universelle, la règle des procédés de recherche et de démonstration applicables à toutes les sciences et aux connaissances quelconques.

Si l'on définit la Philosophie : la science de la pensée,

la Logique est la *science des lois qui régissent la connais-sance du vrai,* ou la science des rapports entre l'entende-ment et le vrai. La Psychologie, science des lois subjec-tives de la pensée, étudie celle-ci dans sa genèse, *in fieri,* et en établit les lois par l'observation, sans se soucier de la valeur objective de nos connaissances. La Logique, *science des lois objectives de la pensée,* s'attache aux opé-rations intellectuelles *in facto,* pour en juger la valeur et en instituer les règles, tantôt à l'aide des principes, tantôt par l'expérience.

Le rôle de la Logique a été bien marqué par Bacon dans la définition qu'il en a donnée : *Ars artium, science pratique des autres sciences,* définition équivalente à celle de Port-Royal : *art de penser.* En effet, une science est un système de connaissances certaines, c'est-à-dire prou-vées; or la Logique est la *science de la preuve* (Stuart Mill) et pourrait fort bien se définir la *science de la certi-tude,* en partant de l'objectivité de l'idée.

L'édifice entier de la Logique repose sur le fondement des principes métaphysiques d'identité, de contradiction, d'alternative et de causalité. Les lois logiques se résu-ment dans l'application des lois ontologiques aux opéra-tions de l'esprit. Les vérités ontologiques, objet de l'é-vidence, sont l'essence même, le fond de la Logique, véritable *ontologie pratique.* On verra que la Logique est la science de l'évidence externe, comme la Psychologie est la science de l'évidence interne ou conscience.

Divisions de la Logique. — Parmi les opérations intel-lectuelles, c'est-à-dire ayant pour objet le vrai, il en est qui sont communes à toutes les sciences, à tous les ordres de connaissances; d'autres sont appropriées à chaque science en particulie ; d'où la division naturelle de la Logique en *logique générale* et *logique spéciale.*

La première, nommée aussi logique *pure,* est *a priori,* absolue, universelle, invariable, indépendante de la na-ture de l'entendement, car elle se base exclusivement sur l'essence du vrai. Les lois de la logique pure sont des lois de l'être, avant d'être des lois de la pensée.

La seconde, nommée aussi *logique appliquée,* est *a posteriori,* relative, contingente, dépendante de la nature de l'intelligence, qui est incapable de découvrir d'emblée, par la seule inspection, les rapports cachés des choses. Elle dérive à la fois des besoins de notre esprit et du caractère spécial de l'objet à étudier.

L'une et l'autre sont à la fois théoriques et pratiques. La logique pure, indépendante de toute appropriation particulière, est la plus usuelle, la plus pratique des sciences; nous y recourons à chaque instant; elle préside à notre vie intellectuelle tout entière.

LOGIQUE GÉNÉRALE

La Logique générale étudie les opérations intellectuelles dans leur légitimité, c'est-à-dire dans leur conformité avec les lois *réelles* et *formelles* de la vérité.

Les lois réelles sont celles qui régissent l'accord de la pensée avec son objet, celles qui constituent sa valeur extrinsèque. On les nomme réelles, par opposition aux lois formelles qui régissent l'accord de la pensée avec elle-même, et d'où dépendent la régularité, la légitimité intrinsèque des procédés intellectuels, abstraction faite de leur conformité avec le vrai.

La plupart les logiciens modernes, confondant en une seule la logique générale et la logique formelle, divisent la Logique en formelle et appliquée. Cette division est aussi défectueuse que serait celle de la géométrie en géométrie plane et géométrie appliquée. La logique générale, c'est-à-dire non appliquée, doit évidemment embrasser tous les éléments applicables qui serviront à constituer la logique spéciale. Or celle-ci comporte une multitude de connaissances et d'opérations, telles que l'évidence, le jugement synthétique, le raisonnement inductif, etc., qui, visant directement le réel, sont étrangères à la logique formelle et cependant doivent être étudiées dans leur généralité avant de l'être dans leurs applications. Outre la logique formelle, la logique générale comprend une logique qu'on peut appeler *réelle,* parce qu'elle a pour

objet ¹ ⸱ lois ⸱éelles du vrai. La logique appliquée est
une lo_ique réelle spéciale; or, une logique réelle spéciale suppose une logique réelle générale.

La logique appliquée édicte des procédés spéciaux,
c'est-à-dire des mo_ens d'obtenir la certitude, qui ne
s'expliquent pas sans une théorie préalable de la certitude
et de ses diverses sources. La méthode applicable à
chaque science, c'est la manière d'opérer sur des vérités
particulières pour arriver à des vérités plus générales;
il faut donc que les matériaux de la construction à édifier
soient eux-mêmes éprouvés avant d'être employés : tel
est l'office de la logique réelle. La logique formelle ne
régit que les jugements analytiques et a pour but suprême
le syllogisme et son fonctionnement mécanique; mais
avec de simples syllogismes, sans jugements synthétiques,
comment organiser l'ensemble des sciences? Le syllogisme suffirait à la rigueur pour construire les mathématiques, mais non les sciences physiques, naturelles et
morales. La science des méthodes doit donc être précédée
de la science des idées et des jugements, qui prépare elle-
même celle des raisonnements. La certitude d'une méthode ne se conçoit pas sans la certitude de ses éléments.
D'ailleurs, la logique formelle est tout hypothétique, elle
raisonne dans l'hypothèse où les données d'un raisonnement sont vraies. Cela ne suffit pas à la science; il lui faut
du catégorique; elle veut des données positives, des prémisses certaines, et c'est à la logique réelle qu'elle les
demande. Le rôle de celle-ci est en quelque sorte de vérifier les pièces de la procédure. Donc on ne saurait
aller de la logique formelle à la logique appliquée sans
passer par la logique réelle; entre les deux il y aurait une
lacune manifeste.

Restreindre la logique générale à la logique formelle,
c'est réduire les lois de la pensée aux lois négatives, à
l'exclusion des lois positives de la vérité. Il est certain
qu'en violation des formes logiques toute pensée est
fausse; tout concept composé d'idées incompatibles, tout

jugement dont le sujet et l'attribut se contredisent, tout
raisonnement dont la conclusion n'est pas d'accord avec
les prémisses, est faux, nécessairement. Mais si toute
pensée qui s'écarte des règles est fausse, toute pensée
qui s'y conforme n'est pas nécessairement vraie. Avant
donc d'instituer les règles du faux, il convient d'instituer
les règles du vrai. Or c'est la logique réelle qui édicte les
lois de la vérité nécessaire, comme la logique formelle
édicte celles de la fausseté nécessaire. La première nous
dit quand un concept, un jugement, sont nécessairement
vrais, c'est-à-dire certains directement ou par conséquence ; la seconde nous dit quand un concept ou un jugement sont nécessairement faux par inconséquence.

Les lois réelles et formelles de la pensée ne diffèrent
pas au fond, puisqu'elles ne sont que l'expression tantôt
positive, tantôt négative du même principe d'identité. La
logique formelle et la logique réelle ne sont donc pas
deux logiques différentes, ni même deux divisions distinctes de la logique pure ; la première n'est qu'une partie, un aspect, une abstraction de la seconde.

La logique se définirait fort bien : la *science des conditions de la vérité.* Or, la vérité est une ; il n'y a pas deux
vérités, la vérité formelle et la vérité réelle, mais une seule,
la vérité en soi, dont la condition est double, à savoir :
la présence d'une réalité saisie par la pensée (condition
positive et réelle) et l'absence de contradiction (condition
négative et formelle). Il n'y a point de certitude qui se
produise *vi formæ,* en vertu de la seule forme. Les lois
dites formelles sont des lois réelles émanant de l'essence
même des choses. La forme n'a de valeur que si elle représente une réalité, si elle correspond au fond de l'être.
Une logique purement formelle, indépendante du fond et
ne raisonnant que sur des signes, n'aurait aucune portée ;
elle n'aboutirait à aucune vérité, car toute vérité est réelle.
La logique, pour subsister, ne saurait se désintéresser de
la valeur objective des termes sur lesquels elle opère.
Dans l'hypothèse où l'esprit fonctionnerait à vide et où la

pensée s'exercerait sur des éléments purement subjectifs,
la logique formelle s'évanouirait, aussi bien que la logique réelle; il ne resterait rien ni de l'une ni de l'autre;
aucune conséquence ne serait légitime; le mot de contradiction n'aurait pas de sens; l'illogique ne se distingue-
rait pas du logique. Car le principe de contradiction régit, non les termes, mais les réalités exprimées par eux;
de rien, rien ne s'ensuit; on ne déduit rien du néant; où il
n'y a rien la logique perd ses droits. Ainsi, une quantité
imaginaire, irréelle, $\frac{0}{2}$ ou $\sqrt{-4}$, par exemple, peut indifféremment se prendre comme égale ou inégale à elle-
même; en la multipliant ou en la divisant, on ne la change
point. La logique formelle dit : Tout A est B, donc quelque B est A. Cette conclusion n'a de valeur que si A et B
sont réels; sinon, toutes les équations posées entre A et B
sont également légitimes. Les principes ontologiques ne
concernent que les entités, c'est-à-dire les réalités objectives; car la réalité fait seule obstacle à la contradiction;
l'être seul exclut le non-être. Le *vis f. mæ* est sans valeur,
sans force, si le fond manque.

C'est ce qu'établit nettement H. Spencer. Il rejette la
vieille logique formelle encore plus vivement que Stuart
Mill. Il proclame que les lois des corrélations internes
ou subjectives se subordonnent à celles des corrélations
externes ou objectives dont elles dérivent. Les rapports
entre nos idées étant parallèles aux rapports entre les
réalités, les dépendances entre les pensées se moulent
par correspondance sur les dépendances des choses; la
logique se rapporte directement aux liaisons entre les
objets, et indirectement aux liaisons corrélatives entre
nos états de conscience. La logique est donc, comme les
mathématiques, « une province de l'objectivité », et non,
comme on l'a voulu, une science des lois formelles de la
pensée. La logique formelle n'est formelle qu'en apparence.

La véritable division de la logique générale repose sur

la distinction entre les aspects divers de l'objet intelligible. Cet objet se présente à nous tantôt sous forme d'idée, de notion simple ou de concept; tantôt sous forme d'idées comparées ou de jugement; tantôt sous forme de jugements comparés ou raisonnement; tantôt sous forme de raisonnements combinés, constituant une méthode. A ces quatre aspects ou rapports correspondent les quatre opérations fondamentales de l'entendement : concevoir, juger, raisonner, ordonner.

Il y aura donc une logique à la fois réelle et formelle, étudiant ensemble le fond et la forme inséparables l'un de l'autre : 1° de la notion ; 2° du jugement; 3° du raisonnement; 4° de la méthode. Les deux premières parties constituent la *dogmatique ;* la troisième a reçu le nom de *dialectique;* la dernière, celui de *méthodologie,* ou simplement de *méthode.*

Tous les logiciens rangent la méthode dans la logique appliquée. Il semble plus rationnel de rattacher à la logique pure les principes généraux de la méthode, dont l'usage est universel et indéterminé. On conçoit, on affirme, on raisonne, on ordonne dans toutes les sciences, et aussi en dehors de la science, dans l'exercice de l'art oratoire, notamment. Il y a donc une méthode générale applicable à toutes les opérations intellectuelles et dont la logique pure doit traiter d'une manière abstraite, avant de passer aux méthodes concrètes, spéciales à chaque ordre de connaissance en particulier.

LOGIQUE DE L'IDÉE

L'*idée,* en psychologie, est la connaissance d'une chose par l'entendement. En logique, l'idée est *la chose connue,* en tant que connue, c'est-à-dire l'intelligible en tant que perçu, la notion simple, l'objet de l'intuition pure, sans affirmation ni négation.

L'idée ainsi définie est l'idée simple, ne contenant que

l'élément indivisible de la pensée. Il importe de la distinguer de l'idée complexe ou *concept,* qui est, dans le sens étymologique du mot, un agrégat de plusieurs idées simples, conçues ensemble par l'esprit de manière à former un tout. Cette distinction entre l'idée et le concept est fondamentale. Cependant, par un abus que l'usage a consacré, on donne souvent le nom générique d'idée aux notions simples et aux concepts.

La notion et le concept ont pour expression le *terme,* signe conventionnel qui marque l'idée et se prend souvent pour l'idée elle-même.

Toute idée est vraie. — On a démontré en ontologie l'objectivité de l'idée, en traitant de la connaissance de l'absolu (*Mét.,* p. 27). L'idée pure étant la perception, l'intuition d'un objet, l'idée doit être conforme, adéquate à cet objet. Car l'objet ne peut être perçu que tel qu'il est; autrement, il serait à la fois perçu, par hypothèse, et non perçu, puisque la perception ne lui serait pas conforme, ce qui est contradictoire. Donc toute idée pure est nécessairement vraie. Ce qu'on appelle une idée fausse ne saurait être qu'un concept composé d'éléments contradictoires, ou bien un jugement erroné. *Idée fausse* n'a pas de sens, si on l'entend d'une véritable idée.

Tout objet perçu est intelligible, ce qui revient à dire qu'il est, qu'il existe, ou qu'il est possible. L'impossible ne saurait être pensé. Nos idées sont vraiment la mesure du possible et de l'impossible. Ce qui est contradictoire est impossible dans la pensée; ce qui est impossible dans la pensée est impossible dans la réalité.

Les idées absolument simples, élémentaires, indécomposables, sont rares; ce sont les idées les plus abstraites, les plus générales; telle l'idée de quantité. Ce qui fait l'exactitude, l'infaillibilité des mathématiques, c'est précisément la simplicité extrême des idées sur lesquelles opère cette science.

Dès lors qu'elles sont simples, les idées proprement

dites ne sauraient impliquer contradiction : elles sont toujours vraies. Mais il n'en est pas de même des concepts, groupes d'idées où peuvent se rencontrer des éléments incompatibles, s'excluant réciproquement. Un tel concept loge, comme dit Platon, l'ennemi en soi; il se détruit lui-même. Comment peut-il être conçu dans l'esprit? Leibnitz explique fort bien que c'est grâce à la confusion qui nous dérobe à nos propres yeux le contenu réel de nos concepts. Nous pensons trop souvent au moyen de concepts confus, imparfaitement réalisés dans la pensée. Le mot nous tient lieu de l'idée, ou quelqu'un des éléments du concept nous tient lieu du concept entier. Une partie du concept est donc vide et n'est remplie que par le nom. C'est dans cette partie sourde de la pensée que peut se glisser la contradiction, sans que l'esprit s'aperçoive de l'impossibilité de réaliser effectivement son concept. On en a vu des exemples en métaphysique (*Mét.,* p. 105).

La cause de l'erreur étant connue, la règle à suivre, c'est de soumettre tous les concepts à une analyse intégrale. Le concept qui résiste à cette dissection est un concept légitime; celui qui s'évanouit, qui se dissout dans ce travail de l'esprit, n'était qu'une pseudo-idée, un concept vain, illogique.

Toute idée est claire et distincte. — L'intuition est, par sa nature même, claire et distincte, en même temps que vraie, puisqu'elle est l'appréhension directe, immédiate, d'un objet qui est distinct de tout autre et clairement visible. La confusion, l'obscurité de certains concepts, sont donc non des modes de l'intuition, mais des défauts, des absences d'intuition. Une intuition confuse, obscure, serait une intuition incompréhensive, inadéquate à son objet, ce qui ne peut s'appliquer à une intuition simple, mais seulement à un concept.

Entre la clarté et la distinction il n'y a qu'une différence de degré. L'idée distincte, ou plutôt le concept

distinct, est celui dont tous les éléments (idées ou concepts) sont clairs.

Toute idée est positive. — L'objet de l'idée étant réel,
positif, le concept seul peut être négatif. L'idée dite
négative est un concept comprenant un élément positif et
une négation. La négation elle-même est un concept dont
l'objet est le contraire du positif, l'absence d'être. Le
concept du néant se compose de l'idée d'être et d'un acte
qui le supprime. Ainsi en mathématiques une quantité négative est une quantité à retrancher, car le néant ne peut
se quantifier. La négation n'est pas une idée, c'est une
opération, un acte de l'esprit.

Toute idée est générale. — L'objet propre de l'idée
est l'être en soi, l'essence, abstraction faite de toute
existence. Ce que nous percevons, ce ne sont pas les
individualités elles-mêmes, mais leur degré d'être, leur
type, leur *idéal*. L'idée, étant une relation entre l'intel-
ligent et l'intelligible, exige deux termes de même nature;
car il n'y a de rapport qu'entre termes homogènes; l'idée
ne peut atteindre et saisir que l'idéal. Les formes que
perçoit l'entendement sont les formes absolues, éternel-
les, universelles, abstraites, non les réalités relatives,
contingentes, individuelles, concrètes des choses. Ainsi,
j'ai la notion distincte de tel ou tel meuble que je possède. Mais qu'à mon insu ce meuble soit remplacé par un
autre meuble identique; mis en présence de ce nouvel
objet, j'aurai la même sensation, le même concept; cependant l'objet ayant changé, le concept devrait changer lui
aussi. Donc, le véritable objet de l'idée, ce n'est pas la
chose individuelle existante; c'est la forme intelligible,
l'essence, l'élément ontologique, qui est le terme de l'intuition. Aristote observe avec raison que dans l'idée que
nov avons des êtres individuels, c'est l'espèce, le type
général, et non l'individu que nous percevons. « L'objet
propre de ma perception, c'est l'être humain, et non
l'homme qui s'appelle Callias. » (*Mét.,* p. 36.)

Il s'ensuit qu'il n'y a pas d'idées concrètes proprement dites, mais seulement des idées abstraites, générales, réalisables en existences multiples; car tout ce qui existe est particulier; l'être, l'idéal seul, est général. L'idée concrète est non pas une idée, mais un concept. Telle est la thèse de l'école ontologique et, à peu de chose près, la fameuse théorie de Malebranche sur la « vision en Dieu » qui a paru si étrange à ceux qui l'ont mal comprise.

Notions concrètes et abstraites. — La notion *concrète* est celle qui a un objet individuel, réellement existant, ou ayant existé, ou pouvant exister, dans le temps et dans l'espace; par exemple : Paris, César, la plume que je tiens en écrivant. Cette notion, composée de plusieurs éléments agglomérés (*concretum*), est un concept et non une idée proprement dite. Le terme qui la représente est un terme concret.

La notion *abstraite* est celle dont l'objet est purement idéal, sans existence propre, par exemple : science, vérité, quantité. La notion abstraite est un élément isolé, extrait (*abs-tractum*) du concept. Il y a des degrés dans l'abstraction. Les notions abstraites peuvent devenir concrètes relativement à d'autres plus simples; ainsi la notion de figure plane est concrète par rapport à celle de figure en général. Plus une notion est abstraite, plus elle se simplifie, plus elle devient claire et distincte, plus elle se dégage de tout élément d'erreur.

Compréhension et extension de l'idée. — *Idée* est pris ici dans son acception usuelle, comprenant la notion pure et simple et le concept.

La *compréhension* d'une idée est l'ensemble des caractères qu'elle implique, la somme des éléments dont son essence se compose, le groupe de qualités qu'elle comprend ou renferme. Ainsi, l'idée d'homme comprend les idées d'animal et de raisonnable.

L'*extension* d'une idée est l'ensemble des êtres possé-

dant sa compréhension, c'est-à-dire réalisant la somme
de ses caractères essentiels. Ainsi, l'idée d'homme s'é-
tend aux hommes, blancs, noirs, jaunes ou rouges.

La compréhension est la *qualité* de l'idée; l'extension
est sa *quantité*. La compréhension est la matière propre
du concept; l'extension est sa sphère d'application; la
compréhension est saisie immédiatement, directement;
l'extension médiatement, indirectement.

La compréhension et l'extension sont *réciproques;*
c'est-à-dire si une idée A fait partie de la compréhension
d'une idée B, B fait partie de l'extension de A, et *vice
versa*. Ainsi l'idée d'animal faisant partie de la compréhension de l'idée d'homme, celle-ci fait partie de l'extension d'animal.

La compréhension et l'extension croissent et décroissent en raison inverse l'une de l'autre, c'est-à-dire varient en sens opposé; quand l'une s'accroît, l'autre diminue; plus l'une est étendue, plus l'autre est restreinte.
Plus une idée se généralise, plus elle s'appauvrit, plus
elle devient vide et indéterminée. L'idée d'*être,* qui a la
plus grande des extensions, a une compréhension infime;
l'idée d'un individu dont l'extension est réduite à l'unité,
a une compréhension illimitée, l'ensemble des caractères
qui conviennent à cet individu étant en nombre incalcu-
lable.

Les idées, par leurs extensions différentes, forment
entre elles une hiérarchie de genres subordonnés les uns
aux autres, étagés par degrés, depuis le genre suprême
qui est au sommet de l'échelle, jusqu'aux notions concrètes les moins étendues, en passant par les genres ou
degrés intermédiaires. Dans cette série, chaque idée se
classe suivant son degré de généralisation et joue le rôle
de *genre* par rapport aux idées inférieures, et d'*espèce*
par rapport aux idées supérieures. Ainsi le triangle isocèle forme une espèce parmi les triangles, lesquels sont
eux-mêmes une espèce du genre polygone. En logique
générale, ces dénominations n'ont rien d'absolu ni de

propre à la nature de chaque notion : elles ne désignent que des rapports. Au contraire, dans la classification naturelle, dont traite la logique spéciale ou appliquée, ces noms marquent des caractères réels, fixes, intrinsèques à chaque groupe d'individus.

Il importe d'observer que la compréhension et l'extension d'une idée, et par conséquent d'un nom, sont variables suivant le progrès des connaissances. La découverte de propriétés nouvelles dans un corps enrichit sa compréhension; la découverte de ses ressemblances avec d'autres corps élargit l'extension du terme générique qui désigne ceux-ci. Par exemple, la chimie énumère plusieurs alcools : de bois, de grains, de betterave, etc., au lieu du seul « esprit-de-vin » qu'on connaissait autrefois.

A la compréhension correspond la *définition;* à l'extension, la *division.*

Définition. — La définition est l'*énoncé de la compréhension d'une idée* ou d'un terme. Définir une notion, c'est en déterminer l'essence, en délimiter le contenu, en indiquer la nature. Ainsi, définir le carré : un quadrilatère à angles droits et à côtés égaux, c'est marquer qu'il est, parmi les quadrilatères, le seul possédant ces deux propriétés.

La logique spéciale complétera ces notions communes à toutes les définitions, en étudiant le rôle important et différent de la définition dans les divers ordres de sciences.

L'emploi judicieux de la définition est seul capable de prévenir ou de terminer des controverses; on discute souvent sans parvenir à s'entendre, faute de raisonner sur les mêmes idées, par l'illusion et l'entraînement des mots, dont chacun est toujours plus ou moins dupe.

Définitions de choses et de mots. — La définition ne peut être ni purement réelle ni purement nominale. Elle a pour objet à la fois la chose et le terme qui l'exprime. Définir une chose, ce n'est pas définir la chose elle-même dans son individualité, qui est insaisissable; c'est préciser l'idée que nous en avons, c'est-à-dire son essence, ses caractères génériques et spécifiques, à l'aide de mots qui expriment ces caractères. Définir un terme, c'est définir non le mot lui-même, mais l'idée exprimée par ce mot. Ainsi l'objet de la définition est toujours une idée, au fond. Or, toute idée a un objet réel, soit concret, soit abstrait; tout mot exprime une idée; donc, à la rigueur, il n'y a pas de définition purement nominale, purement verbale. Le choix du mot pour exprimer une idée est arbitraire, et c'est dans ce sens qu'on dit que la définition est libre; mais la compréhension de l'idée est fixe et ne saurait dépendre de la volonté de chacun. Quand on assigne à un mot nouveau tel ou tel sens, ce n'est pas une définition que l'on donne, c'est une convention qu'on établit et à laquelle il ne faut pas déroger. Mais l'idée à laquelle on a attaché le mot comme une étiquette n'est pas susceptible de plusieurs descriptions; il n'y en a qu'une qui lui convienne et qui soit la vraie.

S'il n'y a pas de définition purement nominale, il n'y a pas non plus de définition purement réelle, c'est-à-dire capable d'atteindre l'idée sans le secours des mots. Le signe est un intermédiaire nécessaire entre l'esprit et l'objet intelligible. Une définition purement réelle n'aurait pas de sens. Toute définition a pour but de fournir un équivalent à une idée. Ces deux éléments, identiques au fond, doivent être différents dans la forme, c'est-à-dire dans les termes. Si la définition avait pour unique objet la réalité immédiate, on ne pourrait définir une idée que par elle-même, par tautologie : A est A ; car aucune idée ne pourrait servir à en définir une autre, n'ayant pas la même compréhension. La définition serait inutile; en effet, dès que l'idée est conçue dans l'esprit, elle est connue clairement et n'a pas besoin d'être définie. La définition a pour but d'isoler l'idée et de la marquer d'un signe permettant de la reconnaître et de la saisir.

Règles de la définition. — I. *La définition doit se faire par le genre prochain et la différence spécifique.*

Le genre prochain est le groupe immédiatement supérieur au groupe qui est l'objet de la définition; car c'est toujours un groupe qui est l'objet d'une définition; l'individu ne se définit pas. S'il s'agissait surtout de distinguer, de marquer l'idée à définir, il suffirait d'indiquer son espèce. Mais définir, ce n'est pas seulement distinguer, c'est analyser, faire comprendre. Or, le genre exprime la nature d'une chose, l'ensemble de ses qualités, la *matière* dont une chose est faite. La différence spécifique exprime plutôt sa *forme*. Pour savoir la nature d'un objet, il faut connaître sa matière et sa forme, c'est-à-dire son genre et son espèce. Or, le genre auquel s'applique l'espèce, c'est le genre prochain, qui est comme l'étoffe dans laquelle on a taillé l'espèce. La différence spécifique est la détermination d'un genre; or, la détermination ne peut aller sans le genre à déterminer, et le genre déterminé par l'espèce, c'est le genre prochain. Ainsi, pour faire reconnaître une maison dans une ville, faut-il indiquer la rue (genre prochain), non le quartier (genre éloigné) et le numéro (différence spécifique). Par exemple, le carré se définirait mal : un polygone à angles droits et à côtés égaux, parce que le groupe de polygones sur lequel s'embranche directement le groupe des rectangulaires équilatéraux est le groupe des quadrilatères.

II. *La définition doit exclure les qualités accidentelles.* — En effet, l'accident étant variable, instable, ne saurait être un élément constitutif de la compréhension. Cette règle résulte de la précédente.

III. *La définition doit convenir à tout le défini et au seul défini.* — Elle doit être *réciproque,* c'est-à-dire adéquate à l'objet, de telle sorte qu'on puisse la retourner, la renverser sans inexactitude, et que le terme à définir puisse lui-même servir de définition à l'ensemble des termes de sa propre définition. Si celle-ci ne convient pas à tout le défini, elle est trop *étroite;* si elle ne convient pas au seul défini, elle est trop *large*. Une définition trop étroite en compréhension est trop large en extension, et réciproquement.

IV. La définition doit être brève, claire, et ne jamais contenir le terme à définir, ni aucun de ses dérivés.

Division. — La division est l'*énoncé de l'extension d'une idée*.

Diviser une notion, c'est énumérer les notions auxquelles s'applique sa compréhension; c'est distribuer une notion sommaire et supérieure en notions inférieures et subordonnées, comme un genre en espèces.

La division et la définition d'une idée sont solidaires, fondées l'une sur l'autre, dépendantes, réciproques. La division peut porter sur la compréhension d'une idée; dans ce cas, elle se confond avec la définition. Si, par exemple, on distingue dans l'Etat deux parties constituantes, le pouvoir législatif et l'exécutif, c'est une vraie définition qu'on en donne. Si, au contraire, on distingue dans l'humanité les diverses races, on opère une vraie division. La division qui porte sur la compréhension mérite le nom de *partition;* telle la partition d'un orchestre.

Règles de la division. — I. *La division doit être complète et exacte,* c'est-à-dire comprendre toutes les parties de l'extension, de telle sorte que la somme des espèces égale le genre. La division de la logique, critiquée plus haut, est incomplète.

II. *La division doit être irréductible;* il doit y avoir opposition entre les parties, c'est-à-dire les espèces d'un même genre doivent s'exclure l'une l'autre. La division de la logique en générale et réelle violerait cette règle.

III. *La division doit reposer sur un principe unique;* c'est-à-dire procéder avec une suite constante. Ainsi, le genre homme étant divisé en races, chaque race ne doit pas être ensuite divisée en nationalités.

Comparaison, opposition. — Les idées qui rentrent dans la compréhension ou l'extension l'une de l'autre sont des idées comparables, homogènes; les idées hétérogènes, disparates, telles que *vertu* et *circonférence,* n'ont aucun rapport entre elles.

Deux idées comparables sont identiques, équivalentes, lorsqu'elles ont la même compréhension sous une forme différente, une même essence avec des accidents divers. Ex. : *être* et *intelligible,* richesse et utilité.

Deux idées analogues peuvent varier de degré; ainsi mètre et kilomètre.

Il faut bien se garder de confondre l'identité et l'analogie des idées avec l'identité et l'analogie des termes. Les rapprochements verbaux sont souvent fortuits.

Les idées *contraires* sont celles qui s'excluent absolument et sont la négation formelle l'une de l'autre; ainsi *simple* et *composé, positif* et *négatif.* Les idées *contradictoires* sont celles que l'esprit ne peut associer parce qu'elles constituent des éléments incompatibles; ainsi un nombre infini. Les contraires s'excluent directement, les contradictoires indirectement.

Qualité et quantité des termes. — Un terme peut être pris tantôt au *sens propre,* tantôt au *sens figuré.* Paris, au sens propre, est une ville, c'est-à-dire un ensemble d'édifices et de voies publics ou privés. Au sens figuré, il désigne les habitants de la capitale. Paris aime les fêtes, c'est-à-dire ses habitants aiment les fêtes. Le logicien soumet les figures de rhétorique à un contrôle sévère.

Le sens d'un terme peut être *strict* ou *large,* selon qu'on l'emploie d'une manière absolue ou relative. Paris, au sens large, aime les fêtes, quoique, au sens strict, les Parisiens ne les aiment pas tous sans exception. Cette distinction des deux sens s'applique à la quantité comme à la qualité d'un terme.

Un terme est positif ou négatif suivant qu'il marque la présence ou l'absence d'une qualité : parfait, imparfait.

Le terme est toujours pris dans toute sa compréhension, mais il peut être pris soit dans toute son extension,
soit avec une extension partielle, restreinte. Dans le premier cas il est pris *universellement*, c'est un *terme général;*
dans le second cas il est pris *particulièrement*, c'est un
terme particulier. Ainsi quand on dit : les morts s'oublient, cela s'entend de tous les morts sans exception;
les anciens morts s'oublient, c'est-à-dire une partie seulement des morts. Le terme *singulier* est celui qui désigne une individualité, comme Paris, César. Le terme
singulier est pris dans toute son extension et assimilable
par conséquent au terme général.

L'universalité d'un terme général peut être *collective* ou
distributive, selon qu'elle s'applique soit à l'extension
prise en bloc comme unité, indivisément, soit à chacune
des parties de l'extension, divisément. Ainsi, les acadé-
miciens sont quarante, collectivement; ils sont gens de
lettres, distributivement.

LOGIQUE DU JUGEMENT

Le *jugement*, en logique, est l'*affirmation ou la négation
d'un rapport* entre deux idées. La *proposition* est l'énoncé
du jugement. On prend souvent l'un pour l'autre.

Toute proposition comprend trois éléments : 1° un
premier terme, le *sujet*, désignant l'idée dont on affirme,
celle à laquelle on attribue; 2° un second terme, l'*attribut*,
désignant l'idée qui est affirmée, attribuée; 3° le *verbe* ou
copule, qui sert à accoupler les deux termes entre lesquels
s'affirme ou se nie le rapport. Ce verbe est le verbe *être*,
variable en apparence suivant la nature du rapport dont
il s'agit (*Mét.*, p. 32).

Rapports d'inclusion et d'exclusion. — Deux idées
qui se contiennent réciproquement en compréhension et
en extension ont un rapport de subordination, c'est-à-dire

d'inclusion, d'identité partielle; il y a entre elles exclusion, opposition, si elles sont incompatibles. Par exemple : le carré est un quadrilatère. Cette proposition
exprime que l'idée intégrale de carré est identique à une
portion de l'idée de quadrilatère, tout quadrilatère n'étant
pas un carré. Entre le sujet *carré* et l'attribut *quadrilatère*
il y a un rapport d'inclusion. Si l'on dit : le carré n'est
pas circulaire, on affirme un rapport d'exclusion, d'opposition entre l'idée de carré et l'idée de cercle.

Rapports d'identité ou de degré. — Deux idées faisant
partie d'une même extension ou d'une même compréhension sont comparables, et leur comparaison fait affirmer
ou nier entre elles soit une similitude, soit une différence
de degré. Ainsi, justice et charité sont deux idées coor-
données, deux vertus comparables. Les angles d'un triangle sont égaux à deux droits; l'oblique est plus grande
que la perpendiculaire partant d'un même point : propositions comparatives qui affirment des rapports d'identité,
d'équivalence ou de degré. Toute définition, toute équation
est une proposition comparative, attributive d'identité ou
d'égalité.

Rapports essentiels, existentiels. — Les rapports entre idées sont *essentiels* quand ils sont basés sur la nature
même des idées comparées; quand ils sont inséparables
de ces idées, immuables, permanents, nécessaires; quand
ils constituent un des éléments même de ces idées; quand
ils résultent de leur décomposition. Ainsi : tous les rayons
d'un cercle sont égaux; cette proposition exprime un rapport essentiel résultant de la notion du cercle, inhérent
à cette notion et inséparable d'elle; elle n'ajoute rien à
l'idée de cercle que celle-ci ne contienne nécessairement.

Les rapports *existentiels* ou accidentels résultent d'un
fait qui pourrait ne pas être ou être autrement; ils ne
tiennent pas à la nature même de l'idée et ne sont ni
immuables, ni permanents, ni nécessaires; on pourrait

les modifier sans détruire, sans dénaturer l'idée. Le jugement qui affirme un tel rapport ajoute au sujet une qualité
qui ne lui est pas essentielle. Ainsi : notre terre est une
sphère de quinze cents lieues de rayon ; cette proposition
ne résulte pas de la notion de terre, car le rayon pourrait
être moindre ou plus grand.

Les rapports essentiels constituent les vérités *nécessaires;* les rapports existentiels, les vérités *contingentes*
(*Mét.,* p. 46).

Jugements analytiques et synthétiques. — Le juge-
ment *analytique* est celui qui affirme ou nie entre deux
idées un rapport essentiel. Il est *a priori* et procède par
dissection et décomposition de l'idée en ses éléments. Le
jugement *synthétique* est celui qui affirme ou nie entre
deux idées un rapport de fait, indépendant de leur essence;
il procède par addition d'un élément nouveau fourni par
l'expérience. C'est pourquoi on l'appelle aussi *empirique.*

La distinction des jugements analytiques et synthétiques est fondamentale. La logique formelle considère tous
les jugements comme analytiques, ce qui suffit à prouver
son insuffisance et sa solidarité avec la logique réelle.

Jugements vrais ou faux; a priori, a posteriori. —
Le jugement est vrai ou faux selon qu'il est conforme
ou non à la vérité objective. Il est *vrai a priori* s'il énonce
un rapport fondé sur la nature même de l'idée, antérieurement à toute expérience, par priorité du concept. Il est
vrai a posteriori s'il énonce une vérité contingente dont la
connaissance résulte de l'observation physique. Le jugement est *faux a priori* s'il implique contradiction, s'il associe des éléments incompatibles, s'il énonce un rapport
impossible; *faux a posteriori,* s'il est en opposition avec
la réalité contingente; sa fausseté n'apparaît que posté-
rieurement à la vérification.

Évidence. — L'évidence est le *résultat de l'analyse*

2

immédiate d'une idée. Le jugement évident ou *intuitif* est
celui qui naît d'une analyse au premier degré, c'est-à-dire
à un seul degré ; le jugement analytique non évident est
celui qui résulte d'une suite de plusieurs analyses successives, à un stade plus ou moins éloigné du point de départ.

L'analyse immédiate est celle par laquelle les éléments
composants apparaissent manifestement, au premier aspect, l'idée totale se décomposant d'elle-même, spontanément, sous le regard de l'esprit. La *proposition évidente*
est *celle dont l'attribut est contenu implicitement dans le
sujet ;* elle dérive directement de la définition, c'est-à-dire
du simple énoncé de la compréhension. On peut donc définir l'évidence : *le caractère d'une proposition dont le sujet
implique l'attribut.* Si l'attribut était contenu explicite-
ment dans le sujet, il y aurait équivalence entre les deux
termes, la proposition serait une définition. C'est pourquoi la définition joue en logique le rôle de proposition
évidente ; on ne la discute pas. Si l'attribut n'est que virtuellement contenu dans le sujet, et s'il faut plusieurs analyses pour l'isoler, le mettre en lumière, la proposition
n'est pas évidente, quoique pouvant être vraie.

Caractères de l'évidence. — 1° Dans le jugement d'é-
vidence, l'élément actif de la pensée, l'affirmation s'éga-
lise parfaitement avec l'élément passif, réceptif, qui est
l'idée pure. Il y a parité entre eux ; l'affirmation se calque
sur l'idée et se mesure exactement à elle. La formule de
l'évidence se ramène à l'équation : $A = A, B = B$.

2° L'évidence est irrésistible et entraîne invinciblement,
fatalement l'esprit ; il est impossible de douter d'une proposition évidente, impossible de concevoir le contraire.

3° L'évidence ne se démontre pas, elle n'est pas susceptible de preuve ; car la preuve se fait par le plus connu ;
or rien n'est plus connu que l'évidence.

4° Il n'y a pas de degrés dans l'évidence ; la proposition
évidente peut être expliquée, c'est-à-dire l'évidence rendue
plus explicite, mais non plus évidente.

5° La proposition évidente est simple, facile à comprendre (Descartes). Ce caractère est subjectif, l'habitude pouvant nous faire paraître simples, et par conséquent évidentes, des vérités parfois complexes et non évidentes. Il faut se garder de la fausse évidence, et pour cela, analyser rigoureusement les idées.

Jugements d'évidence. — Les jugements d'évidence sont : 1° les jugements intuitifs ou d'intuition pure dont le type est $A = A$; 2° les jugements de conscience, comprenant les faits de la pensée et l'existence du sujet pensant.

Les jugements qui portent sur les faits de la pensée sont évidents par tautologie, le fait de conscience n'étant que le fait psychologique lui-même en tant que connu : j'ai conscience de penser, donc je pense; j'ai conscience de sentir, donc je sens. Il serait contradictoire de supposer une conscience fausse. Ces jugements sont dits d'évidence interne ou de perception interne, noms synonymes.

Les jugements portant sur la réalité et l'identité du moi sont évidents, puisque l'existence de la pensée implique nécessairement l'existence du sujet pensant.

Certitude objective. — La *certitude objective* est la *conformité nécessaire d'un jugement avec la vérité.* Le jugement certain est celui dont la vérité est nécessaire, c'est-à-dire qui est indissolublement lié à l'être (*Mét.,* p. 32). Il n'y a donc de certains que les jugements vrais; mais tout jugement vrai n'est pas certain. En effet, un jugement peut être vrai en fait sans l'être en droit, nécessairement. Sa conformité avec le réel peut n'être qu'accidentelle, fortuite, sans lien de droit, sans lien logique avec la vérité ; dans ce cas il est vrai sans être certain.

La certitude est *directe* (on dit quelquefois *a priori*) si elle est antérieure à toute démonstration, indépendante de toute preuve ; *indirecte* (*a posteriori*), si elle a besoin d'une vérification. Ainsi, il est certain directement qu'il n'y a pas d'effet sans cause; il est certain indirectement que César a conquis les Gaules.

La certitude peut se définir : la *vérité motivée*. Cette certitude est la certitude *objective;* il ne faut pas la confondre avec la certitude *subjective,* qui est l'*adhésion forcée de l'esprit,* c'est-à-dire l'exclusion, l'absence complète de doute. En général, la certitude subjective naît de la certitude objective dont elle est le résultat, la conséquence. Mais elle peut aussi être spontanée, instinctive et, par une réciprocité singulière et remarquable, devenir à son tour un motif de certitude objective, comme on va le voir. La certitude subjective est du domaine de la psychologie.

Il n'y a pas de degrés dans la certitude objective ; elle est pleine, entière, absolue, ou elle n'est pas ; les motifs sur lesquels elle repose sont légitimes ou non ; cette légitimité ne comporte ni le plus, ni le moins. La conformité d'un jugement certain avec la vérité est une conformité nécessaire, une et indivisible, qui ne peut se graduer.

Motifs de certitude. — Les motifs de certitude sont les causes diverses qui produisent les jugements certains, les raisons d'être de toute affirmation. On a vu en Ontologie que le point de départ de toute connaissance scientifique ce sont les lois de l'être, c'est-à-dire les principes ontologiques d'identité, de contradiction et d'alternative. Le rôle de la logique est maintenant de bâtir sur ce fondement l'édifice scientifique, en ramenant à ces principes, source première de toute certitude, les jugements qu'elle qualifie de certains. Une vérité scientifique n'est pas autre chose qu'un jugement certain objectivement; les jugements certains sont les pièces constitutives de toute science.

Les motifs ou causes de la certitude sont au nombre de trois : l'*évidence*, le *témoignage des sens et de la mémoire,* enfin l'*induction.* L'évidence s'applique aux seuls jugements analytiques; les autres motifs, aux jugements syn

thétiques. L'évidence est la *certitude métaphysique;* la
certitude des sens et de la mémoire est la *certitude physique;* celle de l'induction est tantôt physique, tantôt
morale.

Certitude de l'évidence. — Tout jugement d'évidence
est certain par lui-même, nécessairement conforme avec
l'être. Etant donné que l'idée ou simple intuition de l'intelligible est conforme à son objet, le jugement qui n'affirme de l'idée que l'idée elle-même ou l'un de ses éléments constitutifs peut se réduire à cette formule : l'être
est, $A = A$. Le jugement d'évidence a la même vérité que
l'idée. L'idée ne peut pas exister comme fait sans corres-
pondre à un objet réel, à un degré d'être; le jugement
évident ne peut exister en fait comme jugement sans cor-
respondre à l'être, c'est-à-dire au vrai. Si l'intuition
atteint la réalité, le jugement intuitif atteint nécessairement cette même réalité, car il n'est lui-même qu'une
intuition géminée, une idée répétée en tout ou en partie.
On verra que ce premier motif de certitude est en même
temps le motif souverain et universel auquel se ramènent
les autres en dernière analyse.

Certitude des sens. — Les jugements portant sur la
réalité des objets extérieurs et des phénomènes sensibles
nous sont suggérés par la tendance innée, naturelle, irrésistible, qui nous porte à objectiver nos sensations. Le
vulgaire qualifie ces jugements d'évidents ; l'homme à qui
je parle considère mon existence et ma présence comme
évidentes : elles ne le sont pas; les progrès de la science
feront peut-être découvrir des procédés d'optique et d'a-
coustique à distance qui donneront l'illusion de la présence. Les faits contingents, particuliers, ne pouvant être
l'objet d'une idée pure, ne sauraient revêtir le caractère
de certitude intuitive. L'appellation d'*évidence sensible,*
qu'on a inventée pour certains jugements empiriques, est
donc illogique et erronée, quoique ces jugements partici-

pent de l'un des caractères de l'évidence, qui est de s'imposer irrésistiblement et d'être plus clairs, plus frappants que toute démonstration qu'on en peut essayer. Les sens nous fournissent des sensations purement subjectives, non des perceptions; la vérité objective des jugements sensibles n'est donc pas évidente. Elle n'est pas non plus susceptible d'une démonstration proprement dite, toute preuve étant bien inférieure à la propension qui nous force à les affirmer comme certains. Si ces sensations ne correspondaient pas à des réalités externes, elles seraient sans cause, sans raison d'être. C'est la seule preuve qu'on puisse donner de l'autorité du témoignage des sens (V. *Mét.*, p. 68). Descartes a imaginé une démonstration par la véracité divine, « l'auteur de notre nature n'ayant pu nous vouer à une erreur irrémédiable ». Il est permis de juger ce détour bien long et bien embarrassé.

Certitude de la mémoire. — Les faits qui : nt l'objet du souvenir sont, non pas les faits en eux-mêmes, mais l'impression qu'ils nous ont causée antérieurement, impression qui a laissé une trace physique persistante dans notre système nerveux. Ce sont ces traces, récentes ou anciennes, analogues aux sensations présentes, que la conscience retrouve plus ou moins atténuées par le temps. Mais quelques-unes sont assez vives pour être perçues à l'égal des états de conscience actuels. Ainsi nous nous souvenons des faits saillants de notre vie ou des faits très récents, et nous les affirmons avec la même certitude que la sensation du moment. Ce qui est présent dans l'acte de mémoire, c'est le souvenir, non l'objet dont nous nous souvenons, objet qui a cessé d'exister, qui n'a plus de réalité, dont il ne reste plus que des vestiges. Ce n'est donc pas la certitude intuitive qui est applicable aux jugements de mémoire, mais une certitude physique, la même que celle qui naît du témoignage des sens. Les faits passés sont connus par l'impression qu'ils ont laissée dans notre pensée. Le souvenir est, comme la sensation, un

phénomène à la fois physique et psychique attesté par la
conscience et auquel l'esprit assigne une cause réelle et
externe. La mémoire n'est qu'un cas particulier de la sensibilité. Les faits de conscience s'enregistrent dans les
innombrables cellules du cerveau ; l'empreinte cérébrale
joue ici le rôle d'une sensation nouvelle perçue par la
conscience et qui provoque des jugements certains, quand
elle est clairement visible et que le doute est impossible,
c'est-à-dire quand il y a entre le souvenir, qui est l'effet,
et le fait passé, qui en est la cause, une corrélation néces·
saire. S'il n'y avait des souvenirs nécessairement conformes à la vérité, il y aurait des effets sans cause. Ainsi je
ne puis douter que je me sois couché la nuit dernière;
cette certitude subjective a une cause : la réalité du fait.
Ce qu'on appelle erreur de mémoire est la fausse interprétation d'un état de conscience.

Sens commun. Postulat. — Plusieurs logiciens rangent les motifs de certitude autres que l'évidence sous la
dénomination collective de *sens commun*. La certitude des
sens, de la mémoire (et, pour quelques-uns, celle de l'induction) est une certitude subjective, irrésistible comme
celle de l'évidence, et dérivant d'un *sensus communis,*
c'est-à-dire d'une propension naturelle, instinctive, qui
entraîne invinciblement l'adhésion de l'esprit et s'impose
à lui à l'égal de l'évidence. L'école cartésienne la transforme en certitude objective en la fondant sur l'autorité
divine : le sens commun serait une sorte de révélation
naturelle dont la certitude reposerait en dernière analyse
sur la sagesse du Créateur. Mais c'est là un problème
métaphysique.

Pour d'autres logiciens, les vérités dites de sens commun sont des *postulats.* On nomme postulat une vérité en
quelque sorte première, qui n'est ni évidente ni déduc-
tible d'une vérité évidente, mais que l'on admet comme
certaine parce qu'elle frappe le regard, « saute aux yeux »,
et que d'ailleurs on ne peut en douter. Cependant le

postulat n'est pas, comme son nom semblerait l'indiquer, une concession gratuite que l'on demande à la rigueur des principes. La certitude subjective dont il est revêtu devient pratiquement objective par le seul fait qu'il est impossible d'en douter. Si elle ne correspondait pas à une réalité objective, elle serait dénuée de raison d'être. Sa conformité avec l'expérience rend le postulat au moins infiniment probable, c'est-à-dire aussi voisin que possible de la certitude. On retrouvera l'usage du postulat dans la théorie de l'induction et dans la méthodologie des mathématiques.

Certitude de l'induction. — *L'induction* est la *généralisation d'un fait;* induire, c'est ériger un phénomène en loi; c'est présumer une série de faits inconnus, à raison d'un fait connu; c'est affirmer comme universel un rapport particulier révélé par les sens.

Le jugement ou principe d'induction, qu'il ne faut pas confondre avec les jugements inductifs, est un jugement général. Il se formule ainsi : *les mêmes causes produisent toujours les mêmes effets,* et, réciproquement, *les mêmes effets émanent des mêmes causes.* Le jugement d'induction est unique et régit tous les cas; les jugements inductifs sont innombrables. Le jugement d'induction a pour objet une loi permanente et présente, mais qui embrasse le passé et l'avenir; les jugements inductifs ont pour objet des rapports particuliers, passés ou futurs. Ex. : toute pierre jetée dans le vide tombera; la marée s'est produite hier dans tous les ports de l'Atlantique.

Le jugement d'induction affirme la stabilité et la généralité des lois qui gouvernent l'univers; on peut le formuler encore : *tous les faits naturels sont régis par des lois fixes,* c'est-à-dire *déterminés suivant un ordre constant.* Il n'est pas évident; cependant il s'impose avec la même force que l'évidence et engendre à lui seul la troisième catégorie des jugements synthétiques objectivement certains. Quel est son fondement et sur quoi repose sa cer titude? C'est la plus grave et la plus intéressante des questions de logique générale.

L'école cartésienne croit voir dans les jugements spontanés de l'induction une sorte de révélation divine *a priori*. L'existence d'un Dieu, auteur de notre nature, étant un fait qui n'est susceptible, en bonne logique, que de preuves inductives (*Mét.*, p. 133), le cercle vicieux serait complet; l'induction se fonderait sur une autre induction.

Reid, le chef de l'école écossaise, réduit le principe d'induction à une simple hypothèse, ce qui revient à le nier. « Dans l'ordre de la nature, dit-il, ce qui arrivera ressemblera *probablement* à ce qui est arrivé dans des circonstances semblables. » C'est une grave erreur. Il n'est pas seulement probable, il est certain qu'un phénomène qui s'est produit dans telles ou telles conditions se produira encore quand ces mêmes conditions seront de nouveau réunies. Le doute ne peut porter que sur la détermination de ces conditions. En fait, dans ses applications, l'induction est toujours sujette à erreur ; en droit, dans son principe, elle est infaillible.

Royer-Collard fonde l'induction sur deux jugements de sens commun dont l'un énonce la *stabilité*, l'autre la *généralité* des lois qui gouvernent l'univers. « Mais, dit-il, ces deux jugements ne sont ni nécessaires ni évidents; la stabilité et la généralité des lois physiques sont pour nous un double *fait* dont l'existence ne nous est garantie que par notre propension invincible à y croire. » Ce serait donc une sorte de postulat. Lachelier observe avec raison qu'on ne peut imaginer une confusion d'idées plus complète. Notre nature ne saurait nous instruire *a priori* d'un fait d'expérience; or, en dehors de l'expérience, il n'y a pour nous que des vérités de raison ; un jugement qui n'est pas empirique, sans être cependant nécessaire, est un véritable monstre qui n'a point sa place dans l'intelligence humaine.

Stuart Mill attribue l'induction à une expérience répétée, d'où naît une force d'habitude, une association d'idées spontanée. Elle ne peut donc se légitimer, comme il le veut, par l'expérience ; car une croyance qui n'est légitimée que par l'expérience doit, en bonne logique, s'arrêter où s'arrête l'expérience, au fait individuel.

Herbert Spencer prétend que le principe d'induction est le résumé de toutes les expériences humaines. Mais de quel droit l'appliquer à l'universalité, à la totalité du temps et de l'espace ? L'origine et l'usage de ce principe sont ici en opposition ; car on ne saurait dire à la fois d'une même chose qu'elle vient de l'expérience et qu'elle la dépasse ; ce serait contradictoire.

Liard reconnaît que le principe d'induction, nerf de toute recherche, est antérieur à l'expérience. « D'où vient-il ? Il n'appartient pas à la science de le rechercher ; elle l'accepte comme un *postulat,* c'est-à-dire une vérité indispensable et indémontrable. C'est le postulat des sciences de la nature. »

Lachelier résout le principe d'induction en deux lois distinctes ; suivant l'une, tout phénomène est contenu dans une série où l'existence de chaque terme détermine celle du consécutif ; suivant l'autre, tout phénomène est compris dans un système où l'idée du tout détermine l'existence des parties. Sans ces lois, dit-il, la pensée humaine ne serait pas possible. La loi des causes efficientes produit la liaison mécanique des phénomènes ; la loi des causes finales, leur liaison intellectuelle. Toute force est une pensée qui tend à une conscience de plus en plus complète d'elle-même ; le mécanisme se transforme ainsi en pensée, le dynamisme en finalité. — Il importe de distinguer entre l'induction vulgaire, spontanée, primitive, la seule dont il est ici question, et l'induction savante, réfléchie, définitive, qui est le fruit de la science. Cette dernière seulement implique bien la double loi de causalité et de finalité, comme le veut Lachelier. On a vu en Métaphysique que la finalité est une forme que la pensée vulgaire impose aux phénomènes, une sorte de rapport entre les phénomènes et notre esprit ; le principe

de causalité est seul analytique, celui de finalité est synthétique. Pour le savant, le principe d'ordre fait partie
du dynamisme universel; la formule du déterminisme
embrasse à la fois les causes efficientes et les causes dites
finales, c'est-à-dire la causalité et l'ordre ou unité. La
finalité ne devient explicite que dans l'induction savante;
cependant l'induction vulgaire la contient implicitement.
En résumé, Lachelier considère le déterminisme universel comme une pensée aveugle répandue dans les choses,
ce qui concorde bien avec la notion de substance. L'induction ne serait autre que cette pensée universelle devenue consciente (*Mét.*, p. 42 et 49).

Claude Bernard a très bien formulé l'axiome fonda-
mental de l'induction. « Les conditions d'existence de
tout phénomène sont déterminées d'une manière absolue.
Les phénomènes naturels forment des séries dans lesquelles l'existence du précédent détermine l'existence du
suivant. Ces séries forment à leur tour des systèmes dans
lesquels l'idée du tout détermine l'existence des parties. »

Le principe d'induction dérive du principe de causalité
(*Mét.*, p. 57). Or, l'idée de cause implique l'idée de permanence et de fixité. Une cause est toujours une cause;
elle ne peut être modifiée que par une autre cause, permanente elle-même. La vraie cause, la cause indépendante,
est essentiellement invariable et fixe, n'ayant au-dessus
d'elle aucune cause capable de la modifier; donc celle-ci
existe et agit fatalement. Ce qui est sera; ce qui existe
existera; ce qui agit agira. Le rapport de causalité se
conçoit comme permanent, fatal, nécessaire. Les choses
restent ce qu'elles sont, elles suivent un cours continu.
La continuité des choses n'est qu'une forme de la loi ou
principe d'identité. A est toujours A; le rapport $\frac{A}{B}$ est
toujours égal à $\frac{A}{B}$.

On a vu ci-dessus que les objets individuels sont perçus
non dans leur individualité, mais dans leur généralité,

non dans leur existence, mais dans leur essence. De même, les phénomènes sont perçus non comme des faits isolés particuliers, passagers, mais comme des manifestations de causes générales, universelles, permanentes. Nous voyons le fait non dans son individualité, mais dans sa généralité, dans son genre, dans sa genèse; l'idée de cause est inséparable de lui; nous l'apercevons comme un effet. Tout fait, tout phénomène, est l'expression d'une loi, comme tout individu est l'expression d'une essence. Ce que nous voyons dans l'individu, c'est le genre; la loi n'est pas seulement pour nous le contenu logique du fait, mais le fait lui-même saisi dans son essence, sous la forme de l'universalité. Le passage du fait à la loi s'opère donc directement, intuitivement. L'induction vulgaire, celle que pratiquent tous les hommes, même les animaux, repose sur la nature même de la perception.

Critérium de certitude. — On désigne sous ce nom le motif des motifs de certitude, le motif suprême, celui qui motive les autres, qui se trouve à la base de toute certitude, celui auquel aboutit en dernière analyse tout jugement certain et au delà duquel il est impossible de scruter, de critiquer. Divers critériums ou critères ont été proposés comme fondement universel de nos croyances.

1° L'*autorité,* la véracité divine, le consentement universel. Dans le système de Lamennais, la raison individuelle est faillible; elle ne peut donc avoir qu'une certitude de fait, purement subjective; la certitude de droit ne réside que dans l'autorité divine manifestée par le consentement universel du genre humain. — Ce système pèche par la base : sur quoi reposerait l'autorité divine, sinon sur l'évidence? Et comment connaître l'opinion universelle du genre humain?

2° La *foi* contenue dans la révélation peut seule engendrer la certitude objective (Huet, Bautin). — La foi ne s'impose pas; elle se raisonne; elle est une conséquence, non un principe; le vrai critérium s'impose par lui-même et ne se raisonne pas. La révélation est un fait qu'il faut prouver.

3° Le *sens commun*. L'école écossaise, avec Reid et Hamilton, adopte pour critérium de vérité l'ensemble des croyances naturelles, invincibles, qui s'imposent sans raisonnement. — Une simple croyance qui ne se raisonne pas est déraisonnable et illogique. Dans le langage usuel, on confond souvent l'évidence avec le sens commun, parce qu'ils se ressemblent ; on dit d'une opinion manifestement fausse qu'elle est contraire au sens commun, c'est-à-dire à la raison, à l'évidence. L'évidence n'est pas une simple croyance spontanée, instinctive, mais une intuition directe, immédiate, supérieure à tout raisonnement.

4° La *raison pratique*. Kant, après avoir fait la critique de la raison pure et lui avoir refusé toute objectivité, a essayé de lui substituer la raison pratique, c'est-à-dire la conscience morale, cette faculté qui répond à la question : que dois-je faire ? Kant remarque d'abord qu'il est une cause libre ; or, l'idée de cause libre implique celle d'une loi ou obligation morale qui répond à la question pratique. Le principe qui s'impose est d'agir suivant une loi pouvant être tenue pour loi universelle. Il l'appelle l'*impératif catégorique*. Mais l'obligation, sur quoi repose-t-elle ? Qui ne voit combien ce système est contradictoire ? Cette prétendue raison pratique n'est que la raison pure et théorique à laquelle Kant refuse toute autorité. Faire de la conscience morale le fondement de la raison, c'est renverser l'ordre des connaissances et chercher dans les conclusions d'un raisonnement la certitude qu'on prétend ne pas exister dans les principes.

5° L'*expérience*. L'empirisme part de ce principe : est certainement vrai tout jugement vérifié par l'expérience, et certainement faux tout jugement qui lui est contraire. Ce principe est vrai : l'expérience est, en effet, un critérium de vérité pour les jugements synthétiques, mais elle n'est pas un critérium unique, universel, car son contrôle est inapplicable à une multitude d'autres jugements. Qu'on essaye de vérifier expérimentalement un théorème de géométrie ; rarement le mesurage donnera exactement la mesure théorique. Mais l'expérience elle-même a besoin d'un critérium ; il faut qu'elle soit raisonnée, pour avoir une valeur quelconque ; donc elle suppose un autre critérium qu'elle-même.

6° *Principe de contradiction* (Wolf). Est nécessairement vrai tout jugement qu'on ne peut nier sans contradiction, et certainement faux tout jugement qui implique contradiction. Ce principe est bien le critérium négatif de la vérité dite formelle ; mais il ne peut servir de critérium unique et positif pour discerner le vrai en soi, le vrai réel. Qui nous dira quels sont les jugements dont la négation implique contradiction ?

7° *Principe de raison d'être* (école de Leibnitz). Est vrai tout ce qui a sa raison d'être, faux tout ce qui ne l'a pas. Ce principe peut bien s'appliquer aux jugements dits de sens commun, c'est-à-dire au témoignage des sens, de la mémoire et de l'induction ; mais il y faut un raisonnement ; or, par définition, le critérium doit être certain par lui-même.

Le vrai, le seul critérium, c'est, comme l'a dit Descartes, l'*évidence,* critérium universel, se suffisant à lui-même, irréductible dans sa forme élémentaire qui est le principe d'identité : *ce qui est est.*

Objection du diallèle. — Le scepticisme absolu nie toute certitude, même celle de l'évidence, en vertu de l'argument du *diallèle,* qui résume toutes les objections contre la certitude. Cet argument a une double forme, suivant qu'il porte ou sur le critérium de certitude ou sur la raison en elle-même.

I. Si l'on admet un critérium de vérité, ou bien ce critérium ne se prouve pas, et dès lors il n'est qu'une hypothèse gratuite et sans valeur ; ou bien il se prouve par un autre critérium, et celui-ci par un autre, indéfiniment, sans qu'on puisse parvenir à une certitude.

L'évidence ne se prouve pas ; elle cesserait d'être si
elle se prouvait. La certitude intuitive résultant de l'idée
pure et simple n'est pas discutable, étant admise la nature
de l'idée qui est l'appréhension directe et immédiate de
l'intelligible par l'entendement. La racine commune de
toutes les objections du scepticisme, c'est la subjectivité
de l'idée, dont il a été fait justice en Métaphysique (*Mét.*,
p. 28).

II. Jouffroy présente ainsi la seconde formule du diallèle : « L'esprit humain n'a jamais pu réfléchir sur lui-
même sans se demander si ce qui est vrai pour lui est
vrai absolument et en soi. Ce que nous regardons comme
la vérité, est-ce vraiment la vérité ? Ce problème, l'esprit
se le pose en vertu de ses lois. La raison qui contrôle
tout se contrôle elle-même. Mais de ce que la raison élève
ce doute sur elle-même, s'ensuit-il que la raison qui peut
l'élever puisse le résoudre ? Nullement. Le cercle vicieux
serait évident. Il suffit d'énoncer la question pour le
prouver. Si la raison doute d'elle-même au point de sentir le besoin d'être contrôlée, elle ne peut se fier à elle-
même quand elle exerce ce contrôle. *Cela est si évident*
que ce serait faire injure au bon sens d'insister. »

Si cela est évident, il y a donc quelque chose d'évident et de certain ; les prétendus sceptiques, en essayant
d'infirmer la valeur de la connaissance, l'affirment ; leur
négation se retourne contre eux. La raison ne doute point
d'elle-même et ne peut pas plus discuter sa puissance de
voir que son existence. Si l'intelligence ne pouvait atteindre l'intelligible, elle cesserait d'exister ; c'est son essence
de penser, et elle ne saurait penser le néant. Le doute
des sceptiques absolus est un doute purement formel,
apparent et systématique. Au fond, nul esprit ne peut
douter réellement de ses perceptions.

Probabilité. — La probabilité est le caractère des
jugements qui ne sont ni certainement vrais ni certainement faux. Le jugement probable est *douteux :* il peut être

vrai, il peut être faux. Entre ces deux possibilités opposées, il y a des degrés dont la comparaison forme un
rapport. Ainsi, vingt boules blanches étant mises dans
une urne, il est certain qu'on n'en tirera qu'une boule
blanche. S'il y a une noire avec dix-neuf blanches, aucune
certitude, mais plus grande probabilité de tirer une
blanche. Le rapport entre les possibilités contraires est
de $\frac{19}{20}$ pour une blanche et $\frac{1}{20}$ pour la noire. La probabilité
d'une *opinion,* c'est-à-dire d'un jugement probable, peut
donc se représenter par une fraction dont le numérateur
exprime les chances favorables de vérité, et le dénominateur la somme des chances favorables et défavorables. Si
la fraction se rapproche de l'unité, le jugement est plus
probable; si elle s'en éloigne, il devient moins probable
ou plus douteux. Le doute est souvent pris dans le sens
d'une incertitude subjective.

Causes d'erreur. — L'erreur est le désaccord d'un
jugement avec la vérité. Un jugement est *erroné* quand
il affirme entre deux idées un rapport faux ou nie un rapport vrai. Ce qu'on appelle « erreur des sens, erreur de
mémoire », est une cause d'erreur, une illusion, non une
erreur proprement dite.

Descartes a justement réduit à deux les causes générales d'erreur : 1° l'imperfection de notre intelligence, qui
ne peut saisir d'emblée tous les rapports; 2° la précipi-
tation de notre activité, qui juge avant de connaître parfaitement. L'intelligence, les sens, la mémoire ont des
bornes; la volonté n'en a pas. C'est dans ce manque de
proportion entre l'élément réceptif et l'élément actif de
la pensée qu'est la source commune de toute erreur. Si
l'activité de l'esprit se réglait toujours exactement sur sa
réceptivité, il pourrait y avoir chez nous ignorance, mais
non erreur. Cette égalité, cette équation parfaite entre
l'idée et l'affirmation, entre l'élément passif et l'élément
actif, entre la réception et la réaction de la pensée, est

un des caractères de l'évidence. Toute erreur consiste dans un consentement de la volonté qui dépasse la perception de l'entendement (Malebranche). La cause étant connue, le remède s'ensuit. C'est la règle de Descartes : *n'affirmer d'une idée que ce qui y est clairement contenu,* après une analyse rigoureuse ; en d'autres termes, se garder de la fausse évidence.

Bacon a classé les erreurs d'après leurs sources : *idola tribus,* simulacres ou fantômes sociaux, tels que les préjugés ; *idola specus,* fantômes individuels nés des passions, de l'imagination ; *idola fori,* fantômes publics engendrés par les imperfections du langage, les mauvaises définitions ; *idola theatri,* systèmes faux, sophismes qui trompent l'esprit. Cette dernière catégorie appartient à la logique du raisonnement.

Qualité et quantité des propositions. — La logique formelle classe les propositions au double point de vue de la *qualité* et de la *quantité.* La qualité se rattache ordinairement à l'extension de l'attribut ; la quantité dépend uniquement de l'extension du sujet. En qualité, les propositions sont positives, c'est-à-dire *affirmatives,* ou *négatives ;* en quantité, elles sont *générales* ou *particulières.*

La proposition générale ou universelle est celle dont le sujet est pris dans toute son extension ; la proposition particulière est celle dont le sujet n'est pris que dans une partie de son extension. Le sujet singulier étant pris dans toute son extension, la proposition singulière est générale.

Dans la proposition *générale affirmative* le sujet est pris dans toute son extension, l'attribut dans une partie seulement de son extension, c'est-à-dire la partie précisément correspondante à celle du sujet. Ainsi : l'homme est mortel ; l'attribut *mortel* n'est pris que dans la partie de son extension correspondante à l'extension d'homme ; l'humanité ne renferme pas tous les êtres mortels, car le terme *mortel* s'étend aux autres animaux et aux végétaux.

Dans certaines propositions générales affirmatives, il peut y avoir équivalence entre les deux termes, et par suite l'attribut est pris dans toute son extension. Ainsi, dans les définitions : la philosophie est la science des sciences; de même, dans les propositions affirmant une identité : tout triangle équilatéral est triangle équiangle; Paris est la capitale de la France.

Dans la proposition *générale négative,* le sujet et l'attribut sont pris l'un et l'autre dans toute leur extension. En effet, l'attribut est exclu tout entier du sujet. Ex : aucun homme n'est parfait; réciproquement, aucun être parfait n'est homme. Les deux termes étant pris dans toute leur extension, la proposition peut se retourner.

Dans la proposition *particulière affirmative,* sujet et attribut sont pris particulièrement; dans la *particulière négative,* l'attribut est pris universellement, car ce qui s'exclut s'exclut toujours universellement. L'attribut d'une proposition négative est toujours pris dans toute son extension. Ex. : quelques dentistes ne sont pas menteurs, c'est-à-dire la totalité des menteurs exclut certains dentistes.

Modes des propositions. — Il y a différents modes de propositions, c'est-à-dire diverses manières d'affirmer ou de nier.

Un rapport essentiel ou accidentel entre deux termes peut s'affirmer ou se nier de trois manières : 1° *catégoriquement,* c'est-à-dire absolument, simplement; ex. : les rayons d'un cercle sont égaux; 2° *hypothétiquement,* c'est-à-dire sous condition et d'une manière subordonnée à une proposition antécédente dont le rapport en question n'est que la conséquence; ex. : si un triangle a deux bissectrices égales, il est isocèle; 3° *disjonctivement,* c'est-à-dire de telle sorte que ce rapport soit vrai dans un seul cas à choisir entre plusieurs; ex. : un angle est ou supérieur, ou égal, ou inférieur à un autre.

La proposition hypothétique se compose grammatica-

lement de deux propositions dont l'une a la forme conditionnelle et l'autre la forme catégorique. Mais au fond et
logiquement cette proposition, double en apparence, n'en
forme qu'une seule, car il n'y a qu'une affirmation véritable, un seul rapport énoncé. La proposition hypothétique se ramène à une seule proposition catégorique dont
les deux termes sont les deux membres de la proposition
hypothétique jouant chacun le rôle de sujet et d'attribut.
Ex. : le triangle ayant deux bissectrices égales (sujet)
est isocèle (attribut).

La proposition disjonctive est à la fois catégorique et
hypothétique; elle énonce catégoriquement un rapport
entre le sujet et l'attribut composé de l'ensemble des
parties disjointes, et hypothétiquement un rapport entre
ce même sujet et chacune des parties de l'attribut prise
séparément.

LOGIQUE DU RAISONNEMENT

La comparaison des idées entre elles forme un jugement; la comparaison des jugements forme un raisonnement. Le raisonnement, dans sa plus grande généralité,
est une *combinaison de plusieurs jugements certains* abou-
tissant à un nouveau jugement démontré certain. Raisonner, c'est juger ce qu'on ne connaît pas directement,
ce qui n'est pas évident et n'est révélé ni par les sens,
ni par la mémoire; c'est aller du certain à l'incertain,
du connu à l'inconnu; c'est prouver une vérité nouvelle
au moyen d'autres vérités déjà certaines auxquelles on
relie la vérité en question, en montrant leur solidarité.
Le raisonnement engendre, au moyen d'une certitude directe ou déjà acquise, une certitude indirecte qui mérite
le nom de *certitude logique*.

Pour constituer un raisonnement, il faut au moins
trois jugements : un point de départ, un intermédiaire et
une conclusion. Un des deux premiers peut être sous-

entendu. Les jugements déjà certains se nomment les *antécédents* ou les *prémisses* (ceux qui marchent en tête), et le jugement certifié se nomme le *conséquent* (celui qui s'ensuit) ou la *conclusion*, qui termine et clôt le raisonnement. Il peut y avoir un nombre indéfini d'antécédents, mais le conséquent est unique, quoique la conséquence ou conclusion puisse se dédoubler par un nouveau raisonnement.

On distingue deux espèces de raisonnements : le *déductif* et l'*inductif*. Le déductif va d'un jugement général à un particulier ou à un moins général que le premier ; l'inductif va d'un jugement particulier à un jugement général ; dans le déductif, la conséquence est moins étendue que les antécédents ; dans l'inductif, c'est le contraire ; ils suivent des directions diamétralement opposées, l'une descendante, l'autre ascendante. Si les antécédents sont tous analytiques, le raisonnement est déductif ; s'ils sont à la fois analytiques et synthétiques, le raisonnement est tantôt déductif, tantôt inductif ; s'ils sont tous synthétiques, le raisonnement est inductif. Mais, pour appliquer cette règle, il faut tenir compte des antécédents qui peuvent être sous-entendus.

Raisonnement déductif. — La déduction consiste à tirer un jugement d'un ou de plusieurs autres jugements ; *déduire*, c'est *extraire* une vérité d'une autre vérité. Le raisonnement déductif est au jugement analytique ce que celui-ci est à l'idée. Le jugement analytique affirme qu'une idée est contenue dans une autre idée ; le raisonnement déductif aboutit à affirmer qu'un jugement est contenu dans un autre jugement. Or, un jugement peut être contenu dans un autre de deux manières : en compréhension ou en extension. La déduction est une véritable analyse de ces deux éléments, qui se trouvent dans le jugement analytique comme dans l'idée.

La *compréhension* d'un jugement se compose de tous les jugements *qui servent à le prouver*, de toutes les vérités qu'il suppose, qu'il implique, vérités plus simples et plus générales que lui, qui composent son essence et qu'on ne pourrait nier sans le nier lui-même, sans le détruire. Ainsi, en géométrie, un théorème a pour compréhension tous les théorèmes précédents dont il résulte et dont il est une application. Soit, par exemple, ce théorème (a) : le côté de l'hexagone régulier est égal au rayon du cercle circonscrit. Pour prouver cette proposition, on établit cette autre (b) : le côté de l'hexagone inscrit forme avec les deux rayons qui rejoignent ses extrémités un triangle équiangle; puis cette autre (c) : tout triangle équiangle est équilatéral; d'où l'on déduit l'égalité en question. Les deux vérités qui ont servi au raisonnement constituent la compréhension de (a), et c'est par l'analyse de sa compréhension que cette proposition a été déduite de (b) et de (c). Réciproquement, (b) et (c) contiennent (a) dans leur extension.

L'extension d'un jugement se compose de tous les jugements qu'il sert à prouver, de toutes les vérités qui le supposent, qui l'impliquent, qui sont ses applications, vérités plus complexes, moins générales que lui, dont il constitue l'essence et qui cesseraient d'être s'il disparaissait lui-même; si le principe manque, les applications font défaut. Ainsi, dans l'exemple ci-dessus du triangle équilatéral, en étudiant l'extension de (c), c'est-à-dire en cherchant ses applications possibles, on voit qu'un côté quelconque peut être pris comme corde et les deux autres comme rayons d'un cercle dont le centre serait le sommet opposé à la corde; cette corde serait elle-même le côté de l'hexagone régulier inscrit; l'équation du côté de l'hexagone est un cas particulier des propositions (b) et (c) et de toutes les propositions qui forment la compréhension de (b) et de (c).

Toutes les vérités se tiennent, s'impliquent, se contiennent réciproquement, se soudent ensemble et forment un tout dont les parties sont solidaires (*Mét.*, p. 33). Chaque vérité est liée indissolublement à toutes les vérités dont elle est une application ou auxquelles elle s'applique. Les jugements analytiques étant les seuls fondés sur la compréhension, c'est-à-dire sur l'essence de l'idée, sont les seuls qui aient eux-mêmes une véritable compréhension, c'est-à-dire un lien essentiel avec un ensemble d'autres vérités. C'est dans les jugements analytiques que réside l'unité de la pensée; c'est dans les jugements synthétiques que se trouve sa diversité. Quand donc un jugement synthétique intervient dans un raisonnement comme antécédent, ce n'est pas de lui que se déduit la conséquence, c'est du jugement analytique, le seul qui la contienne réellement. Le jugement synthétique ne contient rien que lui-même et ne peut engendrer qu'un jugement synthétique; d'une vérité de fait on ne peut déduire une vérité de droit. De même, les jugements analytiques seuls ne peuvent engendrer qu'un analytique, jamais un synthétique. C'est ainsi qu'en Cosmologie on a rejeté en bloc comme illogiques les raisonnements métaphysiques tendant à prouver le fait de l'existence de Dieu (*Mét.*, p. 133).

La déduction est l'analyse d'un jugement; or, un jugement peut être contenu dans un autre directement et implicitement, ou indirectement et virtuellement. Dans le premier cas, la déduction est immédiate, formelle; dans le second, elle est médiate.

Déduction immédiate. — La déduction immédiate est souvent appelée *inférence*. Inférer, c'est alors déduire une proposition d'une autre, sans intermédiaire, sans le secours d'une autre proposition servant de moyen de comparaison. Le cas est analogue à celui de l'analyse immédiate d'une idée dans le jugement d'évidence.

La déduction immédiate se fait par *opposition, conversion, comparaison.*

Opposition. — En logique formelle, on est convenu d'appeler *opposition* la déduction qui résulte mécanique-

ment des rapports de qualité ou de quantité entre deux
propositions ayant les mêmes termes. Deux propositions
ayant les mêmes termes peuvent différer ou de qualité ou
de quantité seulement, ou tout à la fois de qualité et de
quantité.

La générale affirmative et la générale négative sont dites
contraires; la particulière affirmative et la particulière
négative, *subcontraires.* Les contraires, de même que les
subcontraires, ne diffèrent entre elles que de qualité.

Les générales affirmatives et les particulières négatives
diffèrent en même temps de qualité et de quantité, ainsi
que les générales négatives et les particulières affirmatives; elles sont appelées *contradictoires.*

Les contraires sont directement, entièrement opposées
l'une à l'autre; les contradictoires sont indirectement,
partiellement opposées, mais aussi incompatibles entre
elles que les contraires. Les contraires s'excluent formel-
lement, les contradictoires virtuellement.

Les propositions qui ne diffèrent entre elles que de
quantité sont dites *subalternes;* ainsi la générale affirmative et la particulière affirmative, la générale et la particulière négatives.

On représente les divers cas d'opposition par le
schéma suivant, où A signifie générale affirmative, E générale négative, I particulière affirmative, O particulière
négative :

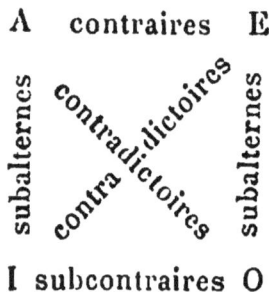

Règles des contraires. — 1° *Deux contraires ne peuvent être vraies ensemble.* C'est le principe évident de

contradiction. Si l'une des propositions est vraie, l'autre est fausse nécessairement. Ex. : tout homme est faillible ; nul homme n'est faillible.

2° *Deux contraires peuvent être fausses ensemble.* Ex. : tout politicien est sincère ; nul politicien n'est sincère. De la fausseté d'une proposition générale on ne saurait inférer la vérité de la contraire. C'est une erreur commise fréquemment.

Règles des subcontraires. — 1° *Deux subcontraires peuvent être vraies (mais non fausses) en même temps.* La particulière affirmative I et la particulière négative O, prenant l'une et l'autre le sujet dans une partie seulement de son extension, sont parfaitement compatibles ; en réalité, elles ont des sujets différents, la partie dont il s'agit dans l'une pouvant être étrangère à la partie dont il s'agit dans l'autre. Ex. : quelques politiciens sont sincères ; quelques politiciens ne sont pas sincères.

2° *L'une étant donnée fausse, l'autre est vraie* à fortiori.

3° *L'une étant donnée vraie, on ne peut rien conclure,* car l'autre peut être vraie ou fausse.

Règle des contradictoires. — *Deux contradictoires ne peuvent être ni vraies ni fausses en même temps.* En effet, la générale affirmative A exclut toute négation particulière O, de même que l'universelle négative E exclut toute affirmation particulière opposée I. Si l'une est vraie, l'autre est fausse, et réciproquement. Ex. : toute vie humaine est sacrée. Si cette proposition est vraie, il est faux qu'une vie en particulier ne soit pas sacrée ; si elle est fausse, c'est précisément parce que telle vie humaine peut cesser d'être sacrée.

Règles des subalternes. — 1° *Si la générale est vraie, la particulière est vraie.* De l'universel au particulier la conséquence vaut, disaient les scolastiques. Si toute vie humaine est sacrée, celle de tel homme est sacrée.

2° *Si la générale est fausse, la particulière peut être vraie ou fausse.* Donc, pas de conclusion. Ex. : il est faux que tous les hommes soient égoïstes, mais il ne s'ensuit nullement que quelques-uns ne le soient pas.

3° *Si la particulière est vraie, la générale peut être vraie ou fausse.* Donc, pas de conclusion. Ex. : Quelques hommes sont menteurs, mais tous ne le sont pas. La violation de cette règle est très fréquente; on déduit le général du particulier par une association abusive d'idées.

4° *Si la particulière est fausse, la générale l'est aussi* (à fortiori). S'il est faux que quelques politiciens soient sincères, c'est parce qu'aucun n'est sincère; donc, à plus forte raison, est-il faux de dire que tous sont sincères.

C'est à tort, manifestement, que les logiciens ont rangé les propositions subalternes sous le titre de l'opposition. Les contraires, subcontraires et contradictoires méritent bien la qualification d'opposées; mais les subalternes devraient s'appeler *consécutives*.

Addition et soustraction. — On peut, sans troubler une équation, augmenter ou diminuer chacun de ses membres d'une même quantité. Ce procédé de déduction immédiate usité en mathématiques s'applique aux autres ordres d'idées. Ex. : un esclave est un homme; donc une vie d'esclave est une vie d'homme.

Conversion. — La *conversion* consiste à tirer une conséquence d'une proposition donnée, en transposant les termes de celle-ci. La proposition ainsi convertie est la *réciproque* de la proposition première. La réciproque d'une proposition n'est pas toujours vraie. Pour qu'une réciproque soit régulière, il faut que les termes intervertis n'aient pas plus d'extension dans la proposition convertie que dans la proposition primitive.

1° Dans la conversion d'une *générale affirmative*, le sujet, qui était pris universellement, devient attribut, c'est-à-dire est pris particulièrement; il diminue d'extension, ce qui n'infirme pas la valeur de la réciproque, puisque le plus contient le moins ; mais l'attribut, qui était particulier, devient universel, ce qui rend la déduction illégitime, la nouvelle proposition n'étant pas contenue dans l'ancienne. Ex. : tout homme est animal; mais tout animal n'est pas homme. La conversion n'est régulière qu'en limitant l'attribut : *quelques* animaux sont hommes, puisque les hommes sont quelques animaux. La réciproque d'une générale affirmative n'est toujours vraie sans limitation de l'attribut que dans un seul cas, celui de la définition, dont les termes sont équivalents.

2° Dans la conversion d'une *générale négative,* les deux termes ne changent pas d'extension ; la réciproque est donc toujours vraie.

3° La réciproque de la *particulière affirmative* est vraie, mais sans intérêt.

4° La *particulière négative* ne peut se convertir, parce que son sujet particulier deviendrait attribut universel.

Usage et abus des réciproques.

— Les réciproques affirmatives ne sont légitimes, d'une manière générale, que dans l'ordre des vérités analytiques. Dans cet ordre la réciproque est universelle. La raison en est métaphysique : dans l'absolu, tous les rapports sont absolus; point de relativité ni de contingence. Ainsi toutes les propositions mathématiques complètes sont réciproques. Un triangle ayant un côté dont le carré égale la somme des carrés des deux autres est rectangle (*Mét.,* p. 47).

Il n'en est pas de même dans l'ordre des vérités synthétiques : celles-ci sont, en effet, des rapports relatifs et contingents. L'une des causes d'erreur les plus communes, c'est la tendance à convertir sans limitation les propositions générales affirmatives. Cette proposition vraie : les esprits puissants ont de larges cerveaux, se convertit illogiquement en celle-ci : les larges cerveaux sont des esprits puissants. Cette autre : la certitude historique est procurée par des témoignages contemporains, donne lieu à cette fausse déduction : les témoignages contemporains procurent la certitude historique. De ce que toutes les belles choses sont agréables, on infère à tort que toutes les choses agréables sont belles.

Corrélation. — La *corrélation* est le lien qui existe entre deux propositions que l'on peut réciproquement déduire l'une de l'autre. Deux propositions sont corrélatives quand la certitude raisonnée de l'une entraîne immédiatement la certitude de l'autre, sans nouveau raisonnement. Ex. : dans un même triangle, à des angles égaux sont opposés des côtés égaux. *Corollaire :* à des côtés inégaux sont opposés des angles inégaux.

Deux propositions corrélatives peuvent être prises indifféremment comme antécédent ou comme conséquent l'une de l'autre. Elles sont solidaires.

On donne aussi, par abus, le nom de corrélatives à des propositions issues d'un même principe. Ex. : rien ne se crée; donc rien ne se détruit. Ce raisonnement n'est pas une déduction, mais plutôt une induction par analogie.

Déduction médiate. — La déduction médiate est celle qui tire un jugement d'un autre au moyen d'un intermédiaire. La déduction médiate comporte donc au moins trois jugements explicites : deux antécédents et un conséquent.

Pour en établir les principes fondamentaux, il faut distinguer deux sortes de déductions médiates : celle de convenance et celle de contenance.

I. La déduction de *convenance* établit entre deux idées un rapport d'identité, d'équivalence, d'égalité, de similitude. Elle a pour base les principes suivants :

1° *Deux choses égales à une troisième sont égales entre elles.*

2° *Deux choses dont l'une diffère, l'autre ne diffère pas d'une troisième, sont différentes entre elles.*

II. La déduction de *contenance*, dont l'objet est d'établir un rapport de subordination ou de coordination, se fonde sur le principe suivant :

Tout ce qui s'affirme ou se nie du genre pris universellement, s'affirme ou se nie des notions inférieures contenues dans le genre.

Le genre, par définition, est ce qui est vrai des espèces; ce qui est vrai des espèces est également vrai des individus contenus dans l'extension de l'espèce. Nier quelque chose de tout un genre, c'est exclure de l'extension d'une notion un genre tout entier, et par conséquent toutes les espèces, tous les individus qui le constituent.

Ces divers principes se ramènent au principe d'identité. Au fond, ce qui permet la déduction du genre à l'espèce, c'est une identité partielle. L'espèce est une portion du genre; or, la partie a une certaine identité avec le tout. Réciproquement, l'espèce contient le genre dans sa compréhension, c'est-à-dire la compréhension du genre est une partie de la compréhension de l'espèce. Donc, ce qui est nécessairement lié à l'essence du genre doit se trouver présent dans toute espèce où le genre se réalise.

Dans la déduction immédiate, ces principes forment la prémisse sous-entendue.

Syllogisme. — Le type du raisonnement par déduction médiate est le syllogisme; c'est à la forme du syllogisme que peut se ramener tout raisonnement déductif médiat.

Le *syllogisme* est un *raisonnement par lequel on déduit un rapport entre deux idées de leur comparaison successive avec une troisième.* Il se compose essentiellement de trois propositions, dont les deux premières se nomment *prémisses* ou *antécédents;* la troisième, *conclusion* ou *conséquent.* Chacune des prémisses a un terme qui lui est propre et un terme commun avec l'autre prémisse. Les deux termes propres à chaque prémisse se nomment les *extrêmes;* le terme commun est le *moyen terme.* La conclusion se compose des deux extrêmes. Ainsi les trois propositions comprennent *trois termes dont chacun figure deux fois.*

L'extrême qui a la plus grande extension se nomme *majeur*, et la prémisse qui le contient *majeure;* le moins étendu des extrêmes est le *mineur*, contenu dans la prémisse *mineure.*

Le *moyen terme* joue un rôle capital dans le syllogisme; c'est lui qui est le pivot du raisonnement, car il sert d'intermédiaire, de terme de comparaison et de commune mesure entre les deux extrêmes que la conclusion doit rapprocher. Des rapports entre le moyen terme et chacun des extrêmes résulte le rapport final entre ceux-ci, rapport dont la détermination est l'objet du raisonnement.

Le rapport cherché entre les deux extrêmes peut être tantôt un rapport de convenance, tantôt un rapport de contenance. Dans le premier cas, le moyen terme sert de commune mesure entre les extrêmes; la conclusion se fait alors par *substitution* d'un extrême au moyen terme. A $=$ B; B $=$ C; donc A $=$ C. Tous les raisonnements mathématiques sont des syllogismes réductibles à cette forme. Dans le second cas, celui d'un rapport de contenance, le moyen terme joue successivement le rôle de contenant et celui de contenu, et la conclusion se fait par *subordination* d'un extrême à l'autre.

Pour remplir son rôle, le moyen terme est tantôt sujet, tantôt attribut, soit dans l'une, soit dans l'autre prémisse; par suite, son extension est variable, en elle-même et relativement à celle des extrêmes. Tantôt il a plus d'extension que le mineur et moins que le majeur; il joue alors le rôle de genre vis-à-vis du mineur, et d'espèce à l'égard du majeur; tantôt il a moins d'étendue que les extrêmes et se trouve contenu comme espèce dans le mineur, qui est lui-même contenu dans le majeur; tantôt il a une extension égale ou supérieure à celle du majeur et contient par conséquent les deux autres termes.

Figures du syllogisme. — La figure d'un syllogisme

dépend des rapports du moyen terme avec les deux extrêmes.

Le moyen terme peut être : 1° sujet et attribut; 2° deux fois attribut; 3° deux fois sujet. Telles sont les trois figures qu'a distinguées Aristote et que Hamilton et Bentham prétendent ramener à une seule. Selon ces logiciens, tout syllogisme pourrait se formuler en équation mathématique par la *quantification de l'attribut*. Dans toute proposition, le sujet est quantifié, c'est-à-dire a une quantité déterminée. Il s'agit de donner à l'attribut une quantité proportionnée à celle du sujet, ce qui se fera si l'on raisonne en extension, au lieu de raisonner en compréhension. Ainsi, au lieu de dire : Socrate était sage, on dira : Socrate est une partie de l'idée de sage. On aura ainsi des propositions : 1° *toto-totales* (sujet et attribut universels); 2° *toto-partielles* (sujet universel, attribut particulier); 3° *parti-totales,* 4° *parti-partielles,* les unes et les autres soit affirmatives, soit négatives. Toutes les propositions se réduiront à de simples équations dans lesquelles le verbe sera remplacé par le signe algébrique de l'égalité. Raisonner, ce n'est plus emboîter les notions les unes dans les autres, mais substituer à une notion une notion équivalente. Ce système, que quelques-uns trouvent ingénieux, a un tort : c'est de s'appliquer à une pensée théorique, et non à la pensée réelle, usuelle, qui s'exerce plutôt sur la compréhension que sur l'extension des idées.

Modes du syllogisme. — On appelle *modes* du syllogisme les différentes formes qu'il affecte d'après la quantité et la qualité de ses propositions. Les quantités étant représentées en même temps que les qualités, par les quatre symboles AEIO, le nombre des modes résultant des combinaisons possibles de ces quatre facteurs pris trois à trois est 64. Mais les 64 modes ne sont pas tous concluants. Les règles générales du syllogisme déterminent les formes à exclure.

I**re figure.** 1° *La majeure doit être universelle.* En effet, cette figure a pour principe que ce qui s'affirme ou se nie en général d'une classe, s'affirme ou se nie de chacun des êtres formant cette classe; donc la majeure d'un syllogisme de la première figure doit être universelle, soit affirmative, soit négative; 2° *la mineure doit être affirmative.* En effet, pour que le caractère affirmé ou nié du genre soit affirmé ou nié de l'espèce, il faut établir que l'espèce rentre dans le genre, ce qui exige une affirmation.

La première figure admet les quatre modes AAA, EAE, AII, EIO.

1**er** *mode :* A Tout avare est inquiet;
        A Tout inquiet est malheureux;
        A Tout avare est malheureux;

Le moyen terme *inquiet* est moins étendu qu'*avare,* et plus étendu que *malheureux.* On peut représenter ce mode par trois cercles concentriques inégaux dont le plus grand enferme le moyen, et celui-ci le plus petit. Tous les points du petit appartiennent au moyen, tous ceux du moyen au grand; donc tous ceux du petit appartiennent au grand.

2**e** *mode:* E Aucun juste n'est envieux;
        A Tout sage est juste;
        E Aucun sage n'est envieux.

On peut représenter ce mode par deux cercles concentriques inégaux et un troisième extérieur aux deux autres. Aucun point du grand n'appartient à l'extérieur; tous les points du cercle intérieur appartiennent au grand, donc aucun point de l'extérieur ne fait partie du petit cercle.

3**e** *mode :* A Tout résigné est content;
        I Quelques malades sont résignés;
        I Quelques malades sont contents.

Ce mode peut se représenter par un cercle tangent intérieurement à un plus grand, et un troisième cercle sécant du premier et embrassant le point de tangence; le segment commun aux trois cercles représente la conclusion.

4ᵉ *mode* : E Aucun exalté n'est aimable;
        I Quelques patriotes sont des exaltés;
        O Quelques patriotes ne sont pas aimables.

Le quatrième mode peut se représenter par trois cercles dont les circonférences sont sécantes à droite et à gauche de celle du milieu; le segment commun à deux de ces cercles n'a aucun point compris dans le segment commun avec l'autre; donc quelques points d'un extrême sont étrangers à l'autre extrême.

IIᵉ figure. 1° *La majeure doit être universelle.* Le principe de la deuxième figure est en partie celui de la première. On s'appuie ici sur une loi des choses qui fait de la présence ou de l'absence d'un caractère la condition indispensable d'un autre caractère, c'est-à-dire sur la liaison d'un antécédent et d'un conséquent; mais on réserve l'application de cette loi; au lieu de déduire de l'affirmation de l'antécédent celle du conséquent, on déduit de la négation du conséquent celle de l'antécédent. La majeure joue donc le même rôle que dans la première figure; elle doit être universelle, affirmative ou négative.

2° *L'une des prémisses doit être négative;* l'une doit prendre le contre-pied de l'autre.

La deuxième figure admet les quatre modes suivants : AEE, EAE, EIO, AOO. Les trois premiers appartiennent déjà à la première figure. Reste le mode AOO.

        A Tout juste est généreux;
        O Quelques ambitieux ne sont pas généreux;
        O Quelques ambitieux ne sont pas justes.

Représentons ce mode par deux cercles concentriques

que coupe un troisième. Tous les points du cercle intérieur appartiennent au grand ; mais le cercle sécant a un
segment étranger aux deux autres ; donc certains points
du troisième cercle n'appartiennent pas au cercle inscrit.

III° figure. 1° *La mineure doit être affirmative.* Le principe de cette figure diffère de celui des deux autres.
Lorsqu'un caractère s'affirme ou se nie du sujet, et que
ce même sujet possède un autre caractère, le premier
caractère s'affirme ou se nie du second caractère *par
accident,* c'est-à-dire particulièrement. Peu importe ici la
quantité des prémisses ; il faut et il suffit que le sujet sur
lequel on raisonne possède effectivement le caractère qu'il
est chargé de représenter et de mettre en relation avec
un autre. La mineure doit donc affirmer l'existence de ce
caractère dans le·sujet.

2° *La conclusion doit être particulière.* La coïncidence
des deux caractères n'étant ici qu'une rencontre accidentelle, ne peut aboutir qu'à une vérité particulière. A la
différence des deux premières figures, qui concluent par
principe, la troisième conclut empiriquement.

La troisième admet six modes, dont quatre sont déjà
classés ; AII et IAI appartiennent à la 1ʳᵉ figure, OAO à
la seconde, EIO au deux premières. Restent AAI et EAO.

> A Esope était esclave.
> A Esope était libre ;
> I Quelque esclave est libre.

Ce mode peut être représenté par deux cercles dont
les circonférences se coupent ; dans le segment commun
est un petit cercle dont tous les points appartiennent aux
deux grands cercles ; donc quelques points de l'un des
cercles appartiennent à l'autre cercle.

> E Aucun vrai chrétien n'est intolérant ;
> A Tout sectaire est intolérant ;
> O Quelque vrai chrétien n'est pas sectaire.

Représentons ce mode par un grand cercle contenant deux petits cercles tangents intérieurement à la circonférence du grand. Aucun point du petit cercle de gauche ne se trouve dans celui de droite; tous les points de celui-ci sont dans le grand, donc certains points du grand ne sont pas dans celui de gauche.

En résumé, il y a sept modes concluants irréductibles :

AAA, EAE, AII, EIO de la première figure ;

AOO de la deuxième ;

AAI, EAO de la troisième.

Plusieurs logiciens admettent à tort une quatrième figure, laquelle ferait double emploi avec l'une ou l'autre des trois premières. Celles-ci, en effet, épuisent toutes les formes possibles du raisonnement déductif. La première procède de l'antécédent au conséquent; la deuxième, du conséquent à l'antécédent; la troisième conclut par expérience. Ce sont là les trois seules manières de déduire.

Les syllogismes des deux dernières figures, dites imparfaites, se ramènent à ceux de la première, dite parfaite, au moyen de la conversion des propositions. Les scolastiques, avec ces quatre voyelles, avaient composé des noms bizarres dont certaines consonnes marquaient le mode de conversion à employer. Ces artifices, ingénieux, mais puérils, sont tombés en désuétude; ils n'ont pas peu contribué au discrédit encouru par le syllogisme et la logique formelle au xviii° siècle, le siècle des philosophes.

Règles du syllogisme. — Les logiciens ont adopté divers règlements du syllogisme.

La Logique de Port-Royal condense toutes les règles en une seule : *l'une des prémisses doit contenir la conclusion, et l'autre montrer que celle-ci y est contenue.* Tout le mécanisme syllogistique tend à tirer une proposition d'une autre; pour que cette extraction se fasse, il faut que l'une des prémisses soit *contenante* et l'autre *démonstrative* de cette contenance. Si le syllogisme est affirmatif,

la majeure ou la mineure peuvent être prises indifféremment pour contenante; si le syllogisme est négatif, la
prémisse négative est seule contenante, car une conclusion négative ne peut être contenue que dans une prémisse négative. Cette règle est trop concise et d'une application difficile.

On a proposé une autre règle unique : la majeure doit
être universelle, la mineure affirmative; la conclusion
doit avoir la qualité de la majeure et la quantité de la
mineure. — Cette règle est juste, mais ne s'applique qu'à
la première figure, c'est-à-dire au syllogisme dit parfait.

Les règles attribuées à Aristote ont le mérite d'une
application générale et aisée. Les scolastiques les ont
formulées en huit vers latins.

1° *Terminus esto triplex, medius, majorque, minorque.*

Le syllogisme doit avoir trois termes seulement. Cette
règle, qui semble être une tautologie, n'est cependant pas
inutile. Un terme peut être pris en deux acceptions différentes, de telle sorte que le syllogisme se trouve avoir
quatre termes.

Ex. : Le rat ronge; rat est une syllabe; donc une syllabe ronge.

2° *Latius hunc quam præmissæ conclusio non vult.*

Un terme ne doit pas avoir dans la conclusion une
extension plus grande que dans les prémisses; en effet, ce
terme plus étendu ne serait pas celui qui a été comparé
avec le moyen terme; la conclusion ne serait plus contenue dans les prémisses. Ex. : tous les soldats de cette
compagnie sont bons soldat; M. n'est pas de cette compagnie; donc M. n'est pas bon soldat. — Le terme *bon
soldat* est particulier dans la majeure, et universel dans
la conclusion.

3° *Aut semel aut iterum medius generaliter esto.*

Le moyen terme doit être pris au moins une fois universellement. Cette règle est de la plus grande importance. Si dans chacune des prémisses le moyen terme
n'est pris que dans une partie de son extension, il se peut

que les deux parties considérées ne soient pas les mêmes ;
on aura en réalité deux moyens termes différents et plus
de commune mesure entre les extrêmes, par suite pas de
conclusion. $A^m = B$; $C = A^n$; $B = C$, pourvu que $m = n$.
Ex. : tous les gens de rien sont républicains ; M est
républicain ; donc M est un homme de rien. Notons que
l'universalité exigée pour le moyen terme ne doit pas être
seulement collective, mais distributive. Ex. : les acadé-
miciens sont quarante ; M est académicien ; donc M est
quarante. Il y a au fond quatre termes dans ce syllogisme.

4° *Nequaquam medium capiat conclusio fas est.*

Quand le moyen terme a été comparé à chacun des autres dans les prémisses, son rôle est terminé ; il ne doit
donc pas paraître dans la conclusion, car son objet est
de produire la conclusion, mais non de la constituer for-
mellement. Ex. : Alexandre était petit ; il était roi ; donc
Alexandre était un petit roi.

5° *Utraque si præmissa neget, nil inde sequetur.*

Aucune conclusion ne peut résulter de deux prémisses
négatives. En effet, de ce que les deux extrêmes n'ont
aucun rapport de convenance avec le moyen, on ne peut
conclure ni qu'ils s'impliquent ni qu'ils s'excluent. La
double négation marque que la commune mesure ne s'applique ni à l'un ni à l'autre.

Les deux prémisses pourraient être négatives dans la
forme et positives au fond, s'il y a gradation entre elles.
Ex. : Paul n'est pas si grand que Léon ; Léon n'est pas
si grand que Jean, donc Paul n'est pas si grand que Jean.

Cette règle exclut les formes EE et EO ou OE.

6° *Ambæ affirmantes nequeunt generare negantem.*

Deux propositions affirmatives ne peuvent engendrer
une négative. En effet, la liaison établie entre chacun des
extrêmes et le moyen ne peut pas aboutir à la séparation
des extrêmes. Il est possible qu'il n'y ait pas de conclusion ; mais s'il y en a une, elle ne peut être qu'affirmative. Cette règle exclut les formes AAO, AIO, AIE, etc.

7° *Pejorem sequitur semper conclusio partem.*

La conclusion suit toujours la partie *moindre,* c'est-à-dire la particulière ou la négative. Si les deux prémisses ne s'accordent pas en qualité ou en quantité, la conclusion est négative ou particulière. La conclusion, devant être contenue dans les deux prémisses, ne saurait être générale ou affirmative que si les deux prémisses le sont également. La conclusion qui dépasse la prémisse la plus restreinte ne peut s'emboîter dans celle-ci. En général, une vérité contingente, une proposition synthétique faisant partie d'un raisonnement, s'oppose à une conclusion analytique; un fait introduit dans un syllogisme empêche toute conclusion de principe. Cette règle exclut les formes AEA, AEI, AIA, etc.

8° *Nil sequitur geminis ex particularibus unquam.*

De deux prémisses particulières rien ne s'ensuit. Etant données deux particulières affirmatives, le moyen terme serait pris deux fois particulièrement, en violation de la 3ᵉ règle. Etant données deux particulières négatives, la conclusion violerait la 5ᵉ règle. S'il y a une particulière affirmative et une particulière négative, le moyen terme devant être pris une fois universellement ne peut être que l'attribut de la négative, seul terme universel des prémisses, par hypothèse. Mais alors la conclusion est négative (7ᵉ règle) et son attribut est universel; or, cet attribut, qui est l'un des extrêmes, était particulier dans les prémisses; il a donc plus d'extension dans la conclusion que dans les prémisses : violation de la 2ᵉ règle. Cette règle 8° exclut toutes les formes II et IO.

Plusieurs de ces règles font double emploi. On pourrait s'en tenir à la 3ᵉ, à la 7ᵉ et à une combinaison de la 5ᵉ et de la 6ᵉ ainsi formulée : les extrêmes doivent s'affirmer deux fois du moyen, si la conclusion est affirmative; ils doivent s'affirmer et se nier alternativement du moyen, si la conclusion est négative.

Variétés du syllogisme. Enthymème. — L'*enthymème* est un syllogisme incomplet dont l'une des prémisses est

sous-entendue. Dans les déductions usuelles, le syllogisme a rarement sa complète expression; l'une des prémisses est si connue, si évidente, qu'on passe à la conclusion sans intermédiaire. Ex. : l'air est un corps, donc
il est pesant. Chaque fois que dans le langage courant se
rencontrent ces mots : *donc, car, en effet, par conséquent,
parce que*... il y a un enthymème. La prémisse sous-entendue reste ἐν θυμῷ.

Epichérème. — L'*épichérème* est un syllogisme dont
chaque prémisse est accompagnée de sa preuve. Il équivaut à plusieurs syllogismes. Tout discours où le raisonnement domine est une suite d'épichérèmes. L'enthymème
est un syllogisme abrégé, l'épichérème un syllogisme dé-
veloppé. Les étymologies qu'on donne de ce nom et de
plusieurs autres sont peu satisfaisantes.

Syllogisme réductif. — Le raisonnement déductif peut
se présenter sous forme de *réduction*. La réduction est
une déduction renversée, retournée. Elle consiste, non
plus à tirer une proposition moins générale d'une autre
plus générale qui la contient, mais à ramener, à réduire
une proposition à ses génératrices, en remontant la suite
des déductions dont elle est issue. Ex. : tout homme a
des instincts, car tout homme est animal, et tout animal
a des instincts.

La déduction tire un rapport nouveau d'un ou plusieurs
rapports donnés; la réduction montre de quels rapports
plus généraux dérive un rapport donné. Le syllogisme
réductif part de la conclusion et remonte aux prémisses.
C'est une pure différence de méthode et de forme.

Polysyllogisme. — Le *polysyllogisme* est une série de
syllogismes liés ensemble de telle sorte que la conclusion
du précédent serve de prémisse au suivant. D'ordinaire,
les conclusions intermédiaires ne sont pas exprimées,
tant elles sont claires, et de prémisse en prémisse on

arrive à la conclusion finale, formée des deux extrêmes contenus dans la première et la dernière prémisse. Ce polysyllogisme abrégé prend le nom de *sorite*. Le moyen terme est seul répété. Ex. : les mécontents sont malheureux; les gens déçus sont malheureux; les gens insatiables sont souvent déçus ; les ambitieux sont insatiables ; donc ils sont malheureux.

Dans le polysyllogisme, le syllogisme antécédent se nomme *prosyllogisme;* le suivant ou conséquent, *épisyllogisme.*

Le polysyllogisme procède de deux manières : par progression ou par régression. Le *progressif* est celui qui marche du général au particulier, en employant à chaque pas des moyens termes de moins en moins généraux; chaque nouveau moyen terme est pris dans l'extension du précédent. Le sorite cité ci-dessus est progressif. En effet, le premier moyen *mécontents* est plus général que le deuxième, *déçus,* et celui-ci plus étendu que le troisième, *insatiables.*

Le polysyllogisme *régressif* est celui qui procède du particulier au général en employant des moyens termes de plus en plus étendus, chacun d'eux étant pris dans la compréhension du précédent. Le régressif est au rebours du progressif. Ex. : les ambitieux sont insatiables; les insatiables sont souvent déçus; les déçus sont mécontents; les mécontents sont malheureux; donc les ambitieux sont malheureux. Le sorite réductif est un polysyllogisme régressif.

Syllogisme hypothétique. — Ce syllogisme a pour majeure une proposition conditionnelle. Les anciens ont distingué deux modes. 1° Le *modus ponens* consiste à affirmer dans la majeure que la conclusion est subordonnée à une condition, et dans la mineure que la condition est remplie. Ex. : si l'air est un corps, il est pesant; or, l'air est un corps; donc il est pesant. — 2° Le *modus tollens* a la même majeure que le précédent, mais il procède à

l'inverse; la mineure nie l'hypothèse, et, la condition n'é-
tant pas remplie, la conclusion est négative. Ex. : si la
lumière est un corps, elle est pesante; elle n'est pas pesante,
donc elle n'est pas un corps.

Syllogisme disjonctif. — Ce syllogisme a pour majeure
une proposition disjonctive. Deux modes sont à distinguer, comme dans l'hypothétique. 1° Le mode *ponendo
tollens* énonce deux alternatives, dont l'une étant vraie,
l'autre sera fausse. Ex. : la lumière est forme ou matière;
elle est forme, donc elle n'est pas matière. — 2° Le mode
tollendo ponens énonce deux alternatives dont l'une étant
donnée fausse, l'autre sera vraie. C'est le mode précédent
retourné.

Syllogisme conjonctif (Port-Royal). — Ce syllogisme,
appelé aussi *copulatif*, énonce l'incompatibilité de plusieurs termes entre eux; puis, de l'affirmation de l'un il
déduit la négation des autres. Il est toujours négatif et se
ramène au disjonctif, dont il ne diffère que par l'absence
d'alternative Ex. : un homme ne peut être à la fois bien-
faisant et avare; M. est avare, donc il n'est pas bienfai-
sant.

Dilemme. — Le dilemme est un syllogisme à la fois
disjonctif et hypothétique. La majeure est disjonctive;
elle pose deux alternatives; puis, chacune de ces alternatives est prise comme hypothèse dans la mineure. De ce
double syllogisme résulte la même conclusion, qui devient
ainsi catégorique. Au fond, le dilemme est un syllogisme
composé: 1° d'un syllogisme disjonctif général; 2° d'autant
de syllogismes hypothétiques qu'il y a de parties disjointes
formant chacune une hypothèse séparée. Si les membres
de la disjonctive sont au nombre de trois, le dilemme devient trilemme, et ainsi de suite. Soit, par exemple, le
fameux dilemme d'Omar incendiant la bibliothèque d'A-
lexandrie : ces livres sont ou conformes, ou contraires

au Coran; s'ils sont conformes, ils sont inutiles; s'ils sont contraires, ils sont nuisibles; donc ils doivent être détruits dans les deux cas. La mineure est double; prise en bloc, elle forme avec la majeure un syllogisme disjonctif; puis, se dédoublant, elle engendre avec chacune des alternatives posées dans la majeure un double syllogisme hypothétique dont la conclusion est unique.

Le dilemme est un argument très imposant, mais dont la validité dépend de la division qui lui sert de base; cette division doit être *complète*, c'est-à-dire comprendre tous les rapports possibles entre le sujet et l'attribut de la majeure. Si toutes les hypothèses ne sont pas énumérées, l'argument croule par la base.

Raisonnement inductif. — L'induction est la *généralisation d'une vérité particulière,* comme la déduction est la *particularisation d'une vérité générale.* Les deux raisonnements s'opposent symétriquement. Induire ou raisonner par induction, c'est inférer une vérité générale d'une ou de plusieurs vérités particulières; c'est ériger en rapport universel, constant, certains rapports limités dans le temps et l'espace; c'est assigner une cause permanente à quelques effets transitoires; c'est tirer une loi de quelques phénomènes, un principe de quelques vérités contingentes; c'est transformer un fait en loi; c'est considérer un cas particulier comme déductible d'une généralité. L'induction est une déduction renversée, retournée, non quant à la forme seulement, comme on l'a vu dans la déduction régressive, mais quant au fond même des choses, c'est-à-dire quant à la nature de la conclusion.

Le raisonnement déductif *extrait* une conséquence des antécédents qui la renferment; le raisonnement inductif *abstrait* l'antécédent d'une conséquence; il exagère, amplifie un fait et lui donne l'extension d'une loi; il tire ainsi le plus du moins; car sa conclusion, loin d'être contenue dans les prémisses, la dépasse de toute la différence qui sépare l'universel du particulier. Le fondement

de cette extension, de cette amplification, c'est le principe
ou jugement d'induction étudié plus haut. Tout l'artifice
du raisonnement inductif consiste dans l'exagération
d'une ou plusieurs connaissances empiriques. L'expérience seule ne fait connaître que des faits dénués de
portée s'ils ne sont pas reliés les uns aux autres, c'est-à-
dire si l'esprit ne découvre pas entre eux un rapport de
causalité, de détermination. Quoique multipliée indéfiniment, la connaissance empirique n'aboutit qu'à des vérités
particulières, isolées, impuissantes malgré leur nombre
à constituer une vérité générale, c'est-à-dire une loi. Le
rapport de causalité, une fois découvert et affirmé dans
un jugement synthétique, donne au fait un caractère universel et permanent. *Tout rapport de causalité est constant.*
Ce jugement analytique rend générale la vérité particulière fournie par l'expérience.

L'induction et la déduction assimilées. — Au fond,
le raisonnement inductif et le déductif ne diffèrent pas
essentiellement l'un de l'autre ; le premier n'est qu'une
variété du second. Ce qui domine tous les raisonnements
inductifs, c'est le principe du déterminisme (*Mét.*, p. 57);
il les pénètre, les imprègne, les éclaire; on le retrouve
partout en dernière analyse. Tout raisonnement inductif
est un syllogisme ayant pour majeure sous-entendue le
principe d'induction. Claude Bernard identifie ainsi les
deux procédés. « En ma qualité d'expérimentateur, il me
paraît bien difficile de séparer nettement l'induction et la
déduction. L'esprit de l'homme a par nature le sentiment
ou l'idée d'un principe qu'il a acquis ou qu'il invente par
hypothèse ; mais il ne peut jamais marcher dans les raisonnements autrement que par syllogisme, c'est-à-dire
en procédant du général au particulier. Quand nous
croyons aller d'un cas particulier à un principe, c'est-à-
dire induire, nous déduisons réellement; seulement, l'expérimentateur se dirige d'après un principe supposé ou
provisoire qu'il modifie à chaque instant, parce qu'il

cherche dans une obscurité plus ou moins complète. A
mesure que nous rassemblons les faits, nos principes
deviennent de plus en plus généraux et plus assurés;
alors nous acquérons la certitude que nous déduisons. »
Ainsi nous déduisons toujours par hypothèse, jusqu'à
vérification expérimentale; l'induction est une déduction
anticipée.

A l'opposé de cette opinion qui absorbe l'induction
dans la déduction, les logiciens anglais Stuart Mill et
Herbert Spencer ont été conduits, par les doctrines qu'ils
professent sur l'origine et la genèse de nos connaissances et par la pente de leur esprit, à nier la déduction en
l'annexant à l'induction. Soit, par exemple le raisonnement suivant, composé de jugements synthétiques : tous
les corps sont pesants; or l'air est un corps, donc l'air
est pesant. Il est clair que la conclusion est présumée,
présupposée dans le premier antécédent. On ne peut
être certain de la pesanteur de tous les corps en général,
à moins d'être certain de la pesanteur de tous les corps
pris individuellement. Si l'on prétend que la pesanteur
de l'air est douteuse avant d'avoir été extraite du fait de
la pesanteur universelle, cette proposition : tous les
corps sont pesants, est par là même frappée d'incertitude
et ne peut par conséquent servir à légitimer la conclusion.
La proposition générale, loin d'être une preuve du cas
particulier, ne peut être elle-même reçue comme vraie si
tous les cas compris dans son extension ne sont pas
vérifiés d'avance. « Par conséquent, dit triomphalement
Stuart Mill, aucun raisonnement du général au particulier ne peut, comme tel, rien prouver, puisque d'un principe général on ne peut inférer que les faits particuliers
que ce principe suppose connus. » — Il faut distinguer.
La critique du logicien anglais est fondée, s'il s'agit de
jugements synthétiques. En effet, la proposition synthétique la plus générale n'est qu'un abrégé d'observations
particulières généralisées. La garantie de la pesanteur de
l'air, c'est la pesanteur du bois, du fer, de l'eau, de tous

les corps expérimentés. Il est très vrai de dire que les
propositions générales synthétiques sont de simples
registres des inférences déjà faites et de courtes formules
pour en faire d'autres. Les logiciens anglais ont raison
sur ce point. Les raisonnements où n'entrent que des
propositions synthétiques n'ont de la déduction que la
forme ; au fond, ce sont de véritables inductions. En effet,
le jugement synthétique n'a pas d'extension proprement
dite ni de compréhension ; il n'est qu'un simple fait et
n'entre par conséquent ni dans la compréhension ni
dans l'extension d'un autre jugement ; il ne contient rien
autre chose que lui-même et ses subalternes ; on n'en
peut rien tirer, rien déduire que lui-même. La raison est
métaphysique ; le jugement synthétique n'a rien d'essentiel et ne peut engendrer aucune vérité, si on ne lui
adjoint un jugement analytique. Ainsi, en déduisant de la
proposition : tous les corps sont pesants, cette autre :
quelques corps sont pesants, on fait appel à la proposition analytique sous-entendue : le tout contient la partie ;
on déduit une affirmation partielle d'une affirmation totale de même nature, c'est-à-dire on déduit un jugement
de lui-même, ce qui n'a de la vraie déduction que la
forme et l'apparence. La déduction, étant l'analyse essentielle d'un jugement, ne peut réellement s'appliquer qu'aux
analytiques.

Pour obtenir une vraie déduction, il faut au moins un
jugement analytique. Si, dans l'exemple précédent, on
remonte à la notion de force qui dérive de celle de substance, on pourra, par la réciprocité de l'action des forces
l'une sur l'autre, déduire *a priori* la pesanteur de l'air.
Quand le géomètre énonce ce principe : Tout triangle
équiangle est équilatéral, et qu'il en déduit par une série
de jugements analytiques cette conclusion : Le côté de
l'hexagone régulier est égal au rayon du cercle circonscrit,
il fait une véritable déduction, non une induction. Il est
donc inexact de dire avec H. Spencer que toute déduction débute par un rapport spontanément inféré, d'où il

résulterait que toute inférence est essentiellement inductive. C'est le contraire qui est vrai : tout raisonnement se ramène à un déductif. La prétention des logiciens anglais d'annexer la déduction à l'induction est l'opposé direct de la vérité.

Inférence dite du particulier au particulier. — C'est par abus qu'on appelle inductifs tous les jugements fondés sur le principe d'induction, même ceux qui ne portent que sur un fait particulier. De même, le seul raisonnement inductif est celui dont la conclusion est générale, plus générale que les prémisses. Ex. : tous les corps non supportés sont tombés vers la terre, donc tous tomberont dans les mêmes conditions. C'est bien là une inférence du particulier au général, à l'universel. Si l'on en conclut que tel corps grave tombera, on fait une déduction ; cette dernière proposition clôt le raisonnement inductif, quoique déduite elle-même d'une vérité plus générale. Les raisonnements inductifs les plus usuels comprennent ainsi : 1° une induction d'un fait à une loi ; 2° une déduction de la loi à un fait particulier. Mais ce n'est point là déduire du particulier au particulier, comme le prétendent certains logiciens. On ne déduit rien d'un fait que lui-même, car ce fait ne contient rien, ne prouve rien ; il n'acquiert force de preuve que parce qu'on lui prête force de loi. Si un fait pouvait par lui-même servir de preuve à un autre fait, il pourrait aussi bien prouver un nombre illimité de faits semblables.

Stuart Mill veut que les inférences du particulier au particulier, qu'il appelle primitives, soient la source des autres. « L'enfant qui s'est brûlé le doigt, dit-il, se garde désormais de l'approcher du feu ; il a raisonné et conclu sans se servir d'un principe général. La même inférence se répète chaque fois que se présente un nouveau cas semblable ; mais chaque fois elle ne dépasse pas le cas présent ; il n'y a pas là de généralisation ; un fait particulier est inféré d'un fait particulier. » — C'est une erreur.

L'enfant qui s'est brûlé craint ensuite non tel ou tel feu
spécial, mais le feu en général, et souvent la simple apparence du feu. S'il ne généralisait pas sa première expérience, il craindrait seulement le même feu qui l'a brûlé,
et chaque cas nouveau le surprendrait; après s'être brûlé
à la flamme, il toucherait sans défiance un charbon ardent.
Ce qui le rend prudent, c'est qu'il a généralisé le premier
cas. Dire que le principe d'induction est l'expression
abrégée d'inductions particulières, c'est faire un cercle
vicieux. Si, en effet, l'induction du particulier au général
emprunte sa valeur soit au principe de causalité, soit au
postulat de l'uniformité du cours des choses, il est manifeste que ce principe ou ce postulat ne peut dériver des
inductions particulières qui sans lui seraient dénuées de
force et de valeur. On ne saurait induire, c'est-à-dire
généraliser sans le secours d'un principe. La reproduc-
tion constante des cas particuliers ne peut enfanter la
croyance à une succession régulière de phénomènes, si
elle n'est fécondée par l'idée de cause permanente. Entre
deux faits particuliers il n'y a aucun lien, si on ne les
rattache ensemble à l'idée d'une loi qui leur est commune
et qui les unit.

Règles générales de l'induction. — Le raisonnement
inductif, pour être légitime, doit se faire d'un conséquent
à un antécédent véritable. Il faut donc et il suffit qu'entre
la prémisse et la conclusion il y ait vraiment un rapport
de détermination, de causalité; que le fait dont on tire
l'induction soit bien la conséquence de la loi qui est
induite. C'est là que gît toute la difficulté du problème à
résoudre. Ainsi, le spéculateur qui raisonne par induction
doit se garder de généraliser un phénomène économique
local, sans s'assurer qu'il n'est pas purement accidentel,
mais qu'il procède d'une cause universelle et permanente.
De cette condition générale dérivent les règles d'application spéciales à chaque science inductive et dont il sera
question dans la Logique appliquée.

Le domaine de l'induction comprend deux ordres d'idées : les rapports physiques et les rapports moraux. De là deux sortes d'inductions qu'il importe de distinguer : l'*induction physique*, qui érige en loi un phénomène de la nature : Ex. : tout corps grave non soutenu tombe vers la terre; l'*induction morale* qui érige en loi un acte libre de l'homme; ex. : tout témoin désintéressé est sincère.

L'induction physique est absolue, sa conclusion est catégorique. L'induction morale est tantôt absolue, tantôt relative; elle affirme tantôt catégoriquement, tantôt hypothétiquement, que telle conséquence suivra tel antécédent. Elle affirme catégoriquement les lois qui régissent une collectivité humaine, hypothétiquement celles qui régissent les individus ; car ici il faut faire la part de la liberté. Les masses humaines obéissent à des lois fixes, invariables, rigides comme les lois physiques; mais l'individu peut toujours y déroger. Ainsi tout un peuple ne peut mentir quand il affirme un fait connu de tous; un témoin isolé peut par fantaisie, contre son propre intérêt, annoncer une fausse nouvelle. Donc, l'induction morale affirme *strictement* les faits collectifs, *avec réserve* les faits individuels. De cette distinction importante il résulte que l'induction morale ne produit la certitude qu'à l'égard des faits généraux, et ne donne que des probabilités en ce qui concerne les actes d'un individu ou d'un petit nombre de personnes libres. Un individu isolé peut cesser d'agir en homme ; une collection d'hommes ne peut se soustraire aux lois qui régissent l'humanité.

Induction métaphysique. — Outre l'induction physique et l'induction morale, signalons une troisième espèce d'induction qu'on peut appeler *métaphysique*. Elle consiste à généraliser, à étendre, à prolonger un rapport essentiel entre plusieurs idées, en se fondant sur l'idée de *continuité de l'être*. En mathématiques elle est d'un usage important, ainsi qu'on le verra dans la méthode

propre à ces sciences. Réciproquement, la comparaison
de l'infiniment petit mathématique et de l'infiniment petit
dans l'ordre physique permet d'induire que l'un et l'autre
constituent, par leur multiplication à l'infini, les vérités
d'ensemble et servent de base légitime à l'analyse des
rapports que la science étudie dans ses branches diverses. Ainsi le calcul infinitésimal fournit un argument
inductif en faveur de la finalité immanente aux éléments
des corps; le rôle de l'infiniment petit dans les rapports qualificatifs s'induit du rôle de l'infiniment petit
dans les rapports quantitatifs (*Mét.*, p. 47).

On verra en Logique appliquée un autre cas d'induction métaphysique : le postulat mathématique.

Autre exemple d'induction métaphysique. Les scolastiques, préoccupés de retrouver partout l'empreinte de la
divinité, avaient appliqué à tous les ordres de connaissance l'idée trinitaire et adoptaient la division tripartite,
à l'exclusion de toute autre : trois facultés de l'âme, trois
états des corps, trois arguments pour chaque thèse, etc.
Le nombre 3 était fatidique et se retrouvait partout.

L'idée de symétrie, d'unité en toutes choses, procède
également d'une induction métaphysique; les systèmes
a priori sont engendrés par elle. Combien d'ambitieuses
synthèses sont issues du même principe! Si une hypothèse est séduisante par sa simplicité, son ampleur, on
est induit à la juger vraie avant toute vérification et par
le seul motif qu'elle est belle, et qu'étant belle elle doit
être vraie. Ainsi la thèse de l'unité de la matière a été
adoptée par la grande majorité des savants, avant même
d'avoir été déduite rigoureusement des principes métaphysiques (*Mét.*, p. 73); mais elle flattait notre amour de
l'unité, et cela a suffi.

Analogie. — *Analogie* est synonyme de ressemblance,
de similitude partielle sans identité, c'est-à-dire mêlée
de différence. Deux objets, choses ou idées concrètes ou
abstraites, sont analogues quand on peut les comparer,

les rapprocher, sans les confondre. Ex. : Un liquide et
un fluide, l'eau et l'air, sont analogues; de même l'état
d'interdiction et de minorité, la famille et l'Etat, certains problèmes, certaines fonctions ont de l'analogie. Le
domaine de l'analogie est aussi étendu que celui de la
pensée.

Le terme d'analogie sert également à désigner le *raisonnement par analogie,* comme l'induction le raisonnement inductif. Raisonner par analogie, c'est *inférer d'une
similitude connue une autre similitude inconnue,* d'un rapport manifeste un autre rapport non apparent.

L'analogie est une *induction suivie d'une déduction.*
Comme l'induction, elle infère le général du particulier;
puis, sous-entendant le général, elle déduit immédiatement le particulier, ce qui a fait dire à tort qu'elle conclut du particulier au particulier. En réalité, elle ne conclut ainsi qu'au moyen d'un jugement général inductif
qui n'est pas exprimé; elle est une *déduction fondée sur
une induction préalable.* Ex. : Les serpents venimeux connus sont vivipares ; on en induit que les deux caractères
venimeux et vivipare sont solidaires, et de cette loi sous-
entendue on déduit que tel venimeux est vivipare, ou tel
vivipare venimeux.

Le principe d'analogie diffère du principe d'induction,
dont il est une extension. Il se fonde non sur l'idée
de causalité, mais sur celle d'*unité,* d'*ordre,* de *continuité,* d'harmonie en toutes choses, dans le domaine
des vérités concrètes comme dans celui des vérités abstraites. Aux rapports de détermination, qui sont la matière de l'induction, l'analogie substitue des rapports de
concordance ; aux rapports de conséquence, des rapports
de coexistence ; aux rapports de subordination, des rapports de coordination. L'induction proprement dite conclut de la similitude des causes à la similitude des effets;
l'induction analogique, de la similitude des effets à
celle des causes.

D'une ressemblance partielle, l'analogie infère une ressemblance plus grande; l'induction amplifie l'extension d'une vérité, l'analogie amplifie sa compréhension; c'est une *induction intensive*. Toute ressemblance étant un rapport, l'analogie est un rapport entre rapports. Kant caractérise dans une formule brève et précise la différence entre l'induction et l'analogie :

Induction : une seule chose dans plusieurs sujets, — donc dans tous.

Analogie : plusieurs choses dans plusieurs sujets, — donc le reste dans chacun.

L'induction en soi est certaine, car en généralisant un rapport de causalité elle s'appuie sur un principe certain, elle fait une affirmation rationnelle se rattachant à la permanence des causes, à l'immutabilité de la cause première. L'analogie, au contraire, est toujours hypothétique, car elle doit tenir compte : 1° des *dérogations* possibles à la loi d'unité, loi non absolument démontrée; 2° des *différences entre les cas,* car les analogues ne sont pas identiques. Cette cause d'incertitude ne pèse pas sur l'induction, qui, elle, conclut du même au même, et qui, en généralisant un rapport causal, suppose expressément que les termes de ce rapport resteront identiques et qu'aucun élément étranger ne viendra entraver ni troubler le fonctionnement de la loi. L'induction procède théoriquement, abstraitement, tandis que l'analogie opère sur des données concrètes. L'induction atteint l'essence immuable des choses; l'analogie ne porte que sur des contingences. L'identité des termes fait la certitude de l'induction; la différence qu'impliquent les analogues fait l'incertitude de l'analogie. Le raisonnement analogique ne peut donc fournir qu'une conclusion probable et dont la probabilité a des degrés. Selon que le rapport des ressemblances aux dissemblances est plus ou moins voisin de l'unité, la conclusion du raisonnement analogique est plus ou moins probable.

L'analogie peut exister soit entre objets de même ordre : deux plantes, deux animaux; soit entre objets d'ordres différents : poids d'une balance et motifs de la volonté. L'argument qui consiste à alléguer un *exemple* à l'appui d'une vérité qu'on affirme est un raisonnement par analogie; c'est un fait invoqué comme preuve d'un autre fait, en vertu d'une loi admise. Ainsi : tels et tels joueurs se sont ruinés, donc tous les joueurs se ruinent en général.

Une analogie entre deux séries de phénomènes permet d'assimiler ceux-ci et de conclure à leur similitude. C'est par analogie que le médecin traite de la même manière deux maladies semblables, que le magistrat applique la même jurisprudence à des litiges qui se ressemblent, que l'exégète interprète un texte obscur en le comparant à un autre dont le sens est connu. Il appartient à la Logique spéciale de régler l'application du raisonnement analogique à chaque ordre de sciences en particulier. La règle générale peut se formuler ainsi : le raisonnement par analogie doit se baser sur un véritable *rapport de coordination* entre objets semblables, c'est-à-dire de subordination *d' l'* ·t de l'autre à une loi commune.

Hypothèse. — L'*hypothèse* est *un jugement plus ou moins probable inférant un rapport inconnu, à raison de l'analogie de ce rapport avec des rapports connus.* L'hypothèse, synonyme de *supposition,* de conjecture, naît de l'analogie. Si celle-ci nous refuse la certitude, elle est du moins la source la plus féconde de raisonnements et de découvertes dans tous les ordres scientifiques. Citons l'hypothèse de Newton assimilant la gravitation universelle à la pesanteur; celle de Darwin sur l'origine des espèces; celles des historiens dans l'étude des périodes préhistoriques; la théorie de l'évolution, dans les sciences morales; les plans de campagne des grands capitaines, etc.

L'hypothèse peut se définir *une induction anticipée,* c'est-à-dire la supposition que deux faits sont engendrés par une même loi, que deux conséquents sont issus d'un même antécédent et appartiennent à la même famille, qu'il y a parenté entre eux à cause de leur ressemblance. L'hypothèse qui subordonne plusieurs faits à une loi commune supposée est une *théorie;* celle qui subordonne plusieurs lois à une loi supérieure prend le nom de *système.* La théorie est une hypothèse particulière, le système est une *hypothèse générale.* Ex. : la théorie microbienne de Pasteur, le système de Newton.

Le raisonnement par hypothèse, qui est un raisonnement inductif, se compose de quatre opérations successives :

1° Étude d'un inconnu quelconque, fait ou loi;

2° Invention d'un antécédent causal de cet inconnu;

3° Déduction des diverses conséquences de l'antécédent supposé;

4° Vérification de ces conséquences.

Le rôle de l'hypothèse, comme celui de l'analogie, est universel, et son emploi commun à tous les ordres de connaissances, en dehors même des sciences proprement dites. A chaque pas, le médecin, l'avocat, le négociant, l'économiste, le politicien, raisonnent par analogie et font des hypothèses dont il appartient à la Logique générale de tracer les règles.

Règles générales de l'hypothèse. — 1° L'hypothèse doit s'appuyer sur des analogies essentielles, non sur des ressemblances accidentelles, ni surtout sur de simples rapprochements de noms. On qualifie de *gratuite* l'hypothèse qui ne repose que sur l'imagination, la fantaisie ou des rapports fortuits.

2° L'hypothèse doit expliquer tous les faits connus; elle est d'autant plus probable qu'elle explique un plus grand nombre de faits.

3° L'hypothèse ne doit être en contradiction avec aucune vérité; celle qui ne peut se concilier avec une vérité certaine est nécessairement fausse, car une vérité ne saurait s'opposer à une autre vérité.

4° Il ne suffit pas qu'une hypothèse soit indispensable

pour être admise, car d'autres solutions du problème peuvent se présenter. Elle doit être vérifiable.

Il ne faut pas confondre l'hypothèse inductive, dont il est ici question, avec l'*hypothèse déductive,* qui joue le rôle de condition dans la proposition hypothétique, ou de *donnée* d'un théorème ou d'un problème. Dans l'hypothèse inductive on assigne à un effet certain une cause probable; dans la déductive, au contraire, c'est la conséquence qui est certaine si l'antécédent est posé. L'hypothèse déductive est un principe de déduction; on verra qu'elle sert à vérifier l'hypothèse inductive.

Induction formelle. — Cette prétendue induction, sans aucune valeur, n'a de l'induction réelle que le nom. Elle consiste à dénombrer les parties constituantes d'un tout et à affirmer de ce tout ce qui s'affirme des parties. Ex. : Mercure, Vénus... suivent le mouvement direct; or Mercure, Vénus... sont les planètes connues de notre système; donc les planètes connues de notre système suivent le mouvement direct. On passe en apparence du particulier au général, mais c'est une pure formalité verbale. Loin de s'élever du particulier au général, on se borne à substituer un nom collectif à une pluralité, ce qui n'implique aucun travail de l'esprit, ne réalise aucun progrès. C'est une pure tautologie sans portée et sans intérêt, qui ne mérite pas le nom de raisonnement, car elle ne donne aucune extension à l'affirmation primitive. Sa seule utilité est de montrer précisément ce qui manque à l'induction réelle pour se transformer en déduction et revêtir la forme syllogistique, à savoir: l'énumération complète des vérités particulières comprises dans l'extension d'une vérité générale. Cette énumération intégrale est pratiquement impossible, car on ne saurait dénombrer les cas compris dans l'infini. Le problème scientifique de l'induction réelle est de suppléer à l'imperfection de ce dénombrement.

Sophismes. — Le *sophisme* est un *faux raisonnement*, comme l'erreur est un faux jugement. Tout raisonnement étant déductif ou inductif, il y a deux sortes de sophismes : ceux de déduction et ceux d'induction.

Sophismes de déduction. — Le sophisme de déduction est matériel ou formel, suivant qu'il porte sur le fond ou sur la forme de la déduction.

I. Les *sophismes matériels* sont la négation même de la déduction, dont ils n'ont que l'apparence trompeuse : la matière manque.

1° L'*ignorance de la question* (*ignoratio elenchi*) consiste à sortir du sujet, à déplacer la question, à raisonner en dehors de la proposition à prouver, et à démontrer autre chose que ce qu'il s'agit d'établir. C'est un sophisme des plus usités au barreau, à la tribune, dans la presse et dans la chaire. Ou bien on s'écarte insensiblement de la question posée, jusqu'à la faire perdre de vue à l'auditeur ou au lecteur; ou bien on y substitue brusquement une autre question, on abandonne l'enchaînement démonstratif des propositions pour faire appel au sentiment, à la passion.

2° La *pétition de principe* consiste à prendre pour vraie la proposition à démontrer; ce qui revient à prouver une chose par elle-même. Ex. : Aristote dit que toute chose pesante doit tendre au centre du monde; or, par expérience, tout tend au centre de la terre; donc la terre est le centre du monde.

3° Le *cercle vicieux* est une espèce de pétition de principe. Il consiste à prendre comme prémisse d'une conclusion une proposition qui dépend de cette conclusion. C'est intervertir la compréhension et l'extension d'un jugement. Ex. : Descartes prouve la certitude du sens commun par la véracité divine, puis l'existence de Dieu par les vérités de sens commun. Si la conséquence tirée d'un antécédent pouvait servir d'antécédent à cette même proposition, elle deviendrait son propre antécédent; or, une proposition ne peut se déduire d'elle-même.

4° Le *sophisme d'accident* consiste à affirmer généralement ce qui n'est vrai qu'accidentellement, ou *vice versa*. Dans le premier cas, le sophisme est *direct*. Ex. : Je mange le jour ce que j'ai acheté la veille ; donc quand j'ai acheté de la viande crue, je mange le lendemain de la viande crue. Ce n'est qu'accidentellement que l'on mange tel quel ce qu'on a acheté. Le sophisme direct d'accident néglige le caractère accidentel de l'affirmation dans la majeure. — Dans le second cas, le sophisme est *inverse*. Ex. : Celui qui scalpe est criminel; le médecin scalpe; donc il est criminel. Il y a des circonstances accidentelles qui rendent la majeure fausse, et dont le sophisme d'accident ne tient pas compte. Ce sophisme est très fréquent dans les raisonnements employés par les sciences morales. Une vérité relative, accidentelle, exceptionnelle, acquiert par l'habitude l'autorité d'une vérité absolue, essentielle, générale; c'est ce que les scolastiques appellent passer du relatif à l'absolu, *a dicto secundum quid ad dictum simpliciter*. Inversement, une vérité générale, abstraite, est appliquée abusivement à tous les cas même exceptionnels auxquels on ne pensait pas en la formulant; l'absolu englobe le relatif.

On retrouvera le sophisme d'accident parmi les sophismes d'induction.

II. Les *sophismes formels* de déduction sont des infractions aux règles des inférences ou des syllogismes.

1° *Sophismes de conversion.* — Le plus fréquent consiste à convertir simplement une proposition universelle affirmative, sans observer l'extension de l'attribut : Tous les gens de rien sont républicains, donc tous les républicains sont gens de rien.

2° *Sophismes d'opposition.* — On conclut de la fausseté d'une proposition générale à la vérité de la proposition contraire. Ex. : Il est faux que tout magistrat soit intégre, donc il est vrai qu'aucun magistrat n'est intègre.

3° *Équivoque.* — L'équivoque consiste à employer un même terme dans deux sens différents, ce qui revient à

introduire un quatrième terme dans le syllogisme. L'é-
quivoque embrasse tous les sophismes appelés *sophismes
verbaux*. Il y a équivoque quand un terme est pris dans
un sens tantôt composé, tantôt divisé; tantôt propre, tan-
tôt figuré; tantôt abstrait, tantôt concret; tantôt absolu,
tantôt relatif; tantôt étymologique, tantôt usuel, etc. Ces
illusions sont créées par le langage, qui est un intermédiaire souvent trompeur. « Combien, dit Leibnitz, pren-
nent la paille des mots pour le grain des idées! » H. Spencer appelle le mot un papier-monnaie de la pensée qui
mène l'esprit à la faillite. Ex. : Les faiseurs de projets ne
méritent pas confiance; cet homme fait des projets; donc
il faut se défier de lui. L'homme qui fait des projets n'est
pas toujours un faiseur de projets.

Le sophisme appelé *amphibologie* est une équivoque,
une ambiguïté de phrase, ce qui revient au même que
l'équivoque de termes.

4° *Dénombrement imparfait* soit des hypothèses dans le
dilemme ou dans le syllogisme disjonctif, soit des parties
constituantes dans l'induction formelle ou dans le syllogisme copulatif. Ex. : Un homme est blanc ou nègre; il
n'est pas blanc, donc il est nègre.

Sophismes d'induction. — Le raisonnement inductif
proprement dit, ne pouvant revêtir la forme syllogistique, ne comporte que des sophismes matériels.

1° *Dénombrement imparfait*. Pour qu'il y ait induction,
c'est-à-dire conclusion légitime du particulier au général, il faut tenir compte de tous les cas possibles et s'assurer qu'il n'existe pas de cas contraires, exceptionnels;
omettre, négliger un cas, c'est faire une induction erronée. Ex. : Un corps en l'air tombe; j'en induis que tous
les corps tombent; mais certains corps plus légers que
l'air ne tombent pas et montent au contraire. Les gens
qui croient aux prédictions, parce qu'elles se vérifient
parfois, ne tiennent pas compte des cas plus nombreux
où la prédiction est démentie par l'événement.

2° *Fausse cause, faux effet.* L'induction est fondée sur le principe de causalité; il faut donc qu'il y ait entre les deux faits une relation causale pour qu'on induise légitimement la loi qui les relie. Un simple rapport de coexistence ou de succession ne peut s'ériger en rapport causal. Mais de ce que l'effet suit la cause et que l'un et l'autre vont ensemble, nous avons contracté l'habitude, par une association d'idées irréfléchie, de transformer le précédent en antécédent et le suivant en conséquent. C'est le sophisme désigné par la formule : *post hoc, propter hoc.* Ex. : Une comète paraît; le vin de l'année se trouve excellent; donc le vin de la comète sera toujours un bon vin. Ce sophisme retombe dans le précédent.

3° *Sophisme d'accident.* Ce sophisme, distinct du déductif de même nom, consiste à confondre une coexistence accidentelle avec une loi de coexistence, c'est-à-dire avec une coexistence essentielle. Un homme religieux est intolérant, donc tous les gens religieux le sont.

La *fausse analogie* est un sophisme d'accident. Deux proverbes la condamnent : Comparaison n'est pas raison; l'habit ne fait pas le moine. La fausse analogie consiste à conclure d'une chose à une autre à raison d'une ressemblance accidentelle et en dépit de différences essentielles. La terre est habitée, disait-on, donc toutes les planètes le sont. C'est par une fausse analogie que le vulgaire classe la baleine parmi les poissons.

MÉTHODE GÉNÉRALE

On peut définir la *Méthode : la suite réglée des raisonnements.* De même que les idées se groupent pour former des jugements, de même les jugements se combinent pour former des raisonnements, et les raisonnements sont choisis, s'ordonnent, se disposent suivant certaines règles, pour atteindre un but qui est la recherche d'une vérité inconnue ou la démonstration d'une vérité connue.

Cette ordonnance constitue une méthode. Il y a une méthode commune à toutes les sciences, et aussi aux connaissances qui ne méritent pas la qualification de scientifiques, telles que l'art oratoire, les spéculations indus-
trielles ou commerciales, etc. C'est de cette méthode
générale et abstraite qu'il faut traiter d'abord, méthode
indépendante de l'ordre d'idées et du caractère des vérités auxquelles on peut l'appliquer. La méthode ou méthodologie peut se définir : *la science de l'invention et de
la démonstration.*

La méthode générale comprend : 1° le choix des raisonnements, suivant la nature des vérités en question;
2° l'ordonnance des raisonnements, suivant les moyens
dont l'esprit dispose pour atteindre son but, qui est la
détermination d'un rapport.

Au point de vue du choix des raisonnements, la méthode se divise en méthode *déductive* ou *rationnelle,* et
en méthode *inductive* ou *expérimentale,* selon que dans
les raisonnements qu'elle emploie domine la déduction
ou l'induction. La première s'applique aux vérités abstraites, théoriques; la seconde, aux vérités concrètes,
pratiques, principalement.

Au point de vue de l'ordonnance, la méthode est *analytique* ou *synthétique,* suivant que l'analyse ou la synthèse y joue le rôle principal.

Analyse et synthèse. — Tout ensemble de vérités
d'un ordre quelconque est une série de rapports entre plusieurs vérités. Ces rapports sont toujours des rapports
de principe à conséquence ou de conséquence à principe. Or, deux cas se présentent : ou bien l'esprit est
en possession d'une vérité particulière, d'un fait dont il
recherche la cause, la loi, le principe; ou bien il est en
possession d'un principe certain, d'une loi démontrée,
d'une cause connue, dont il étudie la conséquence, l'application, l'effet inconnu. Dans le premier cas, l'esprit
procède *régressivement;* il remonte du particulier au gé-

néral, du complexe au simple, de l'effet à la cause, de la conséquence au principe, du fait à la loi : c'est l'*analyse*, et la méthode qui règle les raisonnements déductifs ou inductifs employés est la méthode analytique. Dans le second cas, l'esprit marche *progressivement :* il descend du général au particulier, de la loi au fait; il va du simple au complexe : c'est la *synthèse*, et la méthode suivie est la synthétique. Analyse est synonyme de *décomposition*, synthèse signifie *composition*. L'analyse cependant n'est pas une simple division : elle est à la fois *résolutive* et *explicative;* elle décompose non pour diviser, séparer les parties, mais pour découvrir ou montrer leurs rapports.

L'analyse est assimilable à l'induction, sans pourtant se confondre avec elle, parce qu'elles sont régressives l'une et l'autre. Par la même raison, la synthèse s'assimile à la déduction, parce qu'elles sont toutes deux progressives. Le syllogisme, type de la déduction, est une synthèse qui réunit dans la conclusion les prémisses, facteurs constituants de celle-ci. La déduction est à la fois synthétique (au fond) et analytique (dans la forme, parfois); l'induction est essentiellement analytique.

La méthode synthétique est surtout une méthode de démonstration, d'exposition, d'enseignement; la méthode analytique est surtout une méthode de recherche, d'investigation, de découverte. Cependant la synthèse peut servir à la découverte de nouvelles vérités impliquées dans des principes déjà connus. L'hypothèse n'est qu'une synthèse prématurée. Combien de vues fécondes et originales sont dues à des combinaisons synthétiques, à des déductions *a priori,* par lesquelles on est arrivé d'emblée à des vérités d'ensemble que l'analyse seule n'aurait pu obtenir !

Chacune des méthodes est complète et se suffit. Qu'un rapport soit établi entre deux idées, entre deux vérités par analyse ou par synthèse, le but est atteint dès que la jonction est opérée dans une proposition certaine entre les deux termes qu'il s'agit de rattacher l'un à l'autre. Les deux méthodes se suppléent dans les cas où, par la nature de la question à résoudre, l'une des deux est impraticable. Elles se contrôlent mutuellement, l'une servant à vérifier les résultats obtenus par l'autre; c'est ainsi qu'après l'analyse de l'eau on opère la synthèse de l'oxygène et de l'hydrogène.

Pour ne pas anticiper sur les applications de ces deux procédés aux sciences diverses, prenons un exemple dans la Logique elle-même. On a vu, parmi les règles de la définition, que celle-ci doit exclure les accidents. Cette vérité peut se prouver synthétiquement ou analytiquement. Tout l'art du raisonnement déductif consiste à *trouver un moyen terme* de comparaison entre les deux idées qui doivent se souder dans la conclusion. Deux procédés s'offrent pour cette découverte : la synthèse et l'analyse.

Méthode synthétique. L'invention du moyen terme se fait en prenant *dans l'extension de l'attribut* la notion la plus générale dont on puisse affirmer ce même attribut. La majeure devant être évidente, il faut qu'il y ait quasi-équivalence entre les deux notions, c'est-à-dire entre le moyen terme sujet de la majeure et l'attribut. Ce qui est à exclure d'une définition, ce sont manifestement les *notions non caractéristiques,* car la définition a pour but de caractériser une chose. Or les accidents sont non caractéristiques, dira la mineure. Si cette mineure était évidente, le raisonnement se terminerait par une conclusion certaine. Mais l'inclusion d'*accident* dans *non caractéristique* n'étant pas évidente, il faut réitérer la première opération et chercher dans l'extension de *non caractéristique* un nouveau moyen terme moins étendu que lui et qui se rapproche de l'extension d'*accident*. Quelles sont en général les notions non caractéristiques ? Ce sont évidemment celles qui ne tiennent pas à l'essence, qui ne sont *pas essentielles*. Or, dira la nouvelle mineure, en comparant le nouveau moyen terme avec le sujet de la proposition à démontrer, l'accident est *non essentiel*. Ce n'est pas encore évident. Répétons l'opération, et cherchons toujours dans l'extension du précédent moyen *non essentiel* un troisième moyen moins étendu où l'on saisisse mieux l'inclusion d'*accident*. Quelles sont, entre toutes, les notions non essentielles? Les notions *variables*, évidemment; les deux termes s'identifient l'un avec l'autre. Or les accidents sont des notions variables; les deux termes sont synonymes. Donc les notions à exclure de la définition sont les notions non caractéristiques, par conséquent les notions non essentielles, par conséquent les notions variables, par conséquent les accidents.

Ainsi, dans la méthode synthétique on part d'un principe, d'une vérité plus générale que celle qui est en question. A chaque raisonnement on descend un degré d'extension, en se rapprochant graduellement de la proposition à démontrer, jusqu'à ce qu'on soit parvenu à un genre restreint qui contienne évidemment l'espèce de la conclusion.

Méthode analytique. Pour passer d'une méthode à une autre, il suffit de renverser l'ordre des propositions qui dans chaque raisonnement jouent le rôle de mineure. L'analyse est une synthèse retournée. Ici l'invention du moyen terme se fait en prenant *dans la compréhension du sujet* une notion aussi rapprochée que possible de ce sujet, afin que la majeure soit évidente. Un caractère manifeste de l'accident, c'est d'être *variable;* or, le variable est incompatible avec la définition, dira la mineure; mais cette vérité n'est pas évidente. En analysant la notion de variable on aperçoit que le variable n'est *pas essentiel;* cependant il n'y a pas encore équivalence entre ces deux notions. Cherchons un troisième moyen terme entre le deuxième et l'incompatibilité avec la définition. Ce qui n'est pas essentiel ne saurait caractériser, c'est évident, puisque la définition a pour but de caractériser une chose. Il y a équivalence de compréhension entre *non caractéristique* et incompatible avec la définition. Donc l'accident doit être exclu de la définition, parce qu'étant variable il n'est pas essentiel, par conséquent non caractéristique.

Chaque moyen terme, étant pris dans la compréhension du précédent, est plus général, plus étendu que lui; chaque nouvelle mineure est plus étendue que la précédente; à chaque pas on monte un degré de généralité, à mesure que les moyens termes s'élargissent, et jusqu'à ce qu'on en ait rencontré un assez général pour embrasser visiblement dans sa compréhension restreinte l'attribut de la conclusion et former ainsi avec lui une proposition évidente.

L'analyse raisonne en compréhension, la synthèse en extension. La première resserre peu à peu la compréhension en élargissant l'extension; la seconde restreint l'extension pour augmenter la compréhension; l'analyse opère sur le sujet en question, la synthèse sur l'attribut. L'une cherche l'espèce, l'autre le genre. Les raisonnements déductifs s'emboîtent extensivement comme les compartiments d'une lorgnette; l'analyse regarde par le petit bout, la synthèse par le gros; mais leur but commun est de rendre visibles les rapports cachés.

Démonstration, preuve. — La *démonstration* est l'opération (expérimentale ou rationnelle) par laquelle s'établit la certitude d'une proposition non certaine par elle-même. Démonstration est synonyme de *preuve :* faire la preuve, c'est démontrer. Le nom de preuve désigne aussi l'argument ou la série d'arguments d'où résulte la certitude à établir.

La preuve est *directe, positive,* quand la proposition à prouver est contenue dans les prémisses et n'est autre que la conclusion du raisonnement. La preuve est *indirecte, négative,* quand la proposition à prouver, non contenue dans les prémisses, diffère de la conclusion du raisonnement jusqu'à se trouver incompatible avec cette conclusion, c'est-à-dire quand elle est contraire ou contradictoire. C'est ce qu'on nomme la *preuve par l'absurde.* Une proposition est démontrée vraie ou fausse par l'opposition de ses conséquences avec une ou plusieurs vérités certaines. Ce genre de démonstration est probant, mais il ne satisfait pas l'esprit autant que la preuve directe ; car il ne montre pas comment la conclusion s'engendre, par quelle filiation elle se rattache aux vérités générales. On ne doit donc employer la preuve par l'absurde qu'à défaut d'autres moyens.

La preuve est *a priori* quand la vérité des prémisses précède *logiquement* la vérité de la conclusion ; *a posteriori* quand la vérité de la conclusion précède logiquement celle des prémisses. Ex. : les preuves dites métaphysiques de l'existence de Dieu sont *a priori,* antérieures à toute vérité expérimentale, dégagées de tout élément empirique ; les preuves dites physiques ou morales sont *a posteriori.* La preuve *métaphysique* est fondée sur l'essence des choses. Ex. : les preuves mathématiques. La preuve *physique* repose sur l'ordre des faits purement naturels ; la preuve *morale,* sur l'ordre naturel des actes humains. Les preuves morales sont parfois de simples *présomptions,* quand elles ne donnent que des probabilités plus ou moins voisines de la certitude.

Il ne faut pas confondre la preuve positive avec la preuve d'un *fait positif,* ni la preuve négative avec la preuve d'un *fait négatif.* La preuve d'un fait positif peut se faire positivement ou négativement ; la preuve d'un fait négatif ne peut se faire que négativement. La seule manière de prouver qu'un fait n'a pas eu lieu, c'est de montrer qu'il n'a pu se produire, étant données telles ou telles circonstances. De même, il importe de distinguer la preuve morale de la preuve d'un *fait moral.* Le fait moral peut se démontrer par des preuves, physiques ou morales.

La preuve en général doit être de même nature que la vérité à prouver. Ainsi la preuve métaphysique s'applique exclusivement à des vérités métaphysiques, jamais à des faits, à des vérités ou prétendues vérités physiques ou morales. C'est là un principe de la plus grande importance

(*Mét.*, p. 133). On a déjà vu en logique générale que si dans la trame d'un raisonnement s'intercale un jugement synthétique, la conclusion ne peut être que synthétique.

Théorèmes et problèmes. — Toute science est faite de théorèmes et de problèmes : il y a des théorèmes et des problèmes historiques, économiques, politiques, juridiques, physiques, chimiques, etc., aussi bien que mathématiques.

Un *théorème* est une *vérité non évidente qui se démontre par une série de vérités* génératrices les unes des autres. La démonstration d'un théorème consiste à établir un rapport entre deux termes au moyen d'un terme de comparaison ou d'une série de comparaisons qui sont des raisonnements déductifs ou inductifs. La méthode employée peut être synthétique ou analytique; elle est le plus souvent synthétique.

Un *problème* est un *conséquent dont il faut trouver l'antécédent.* La solution ou résolution d'un problème consiste à découvrir les génératrices du rapport qu'on cherche à établir entre deux termes. C'est assez dire que la méthode spécialement applicable au problème est la méthode résolutrice, c'est-à-dire analytique. L'analyse, procédant par degrés intermédiaires, est une voie beaucoup plus aisée pour arriver aux principes auxquels se rattache la vérité particulière en question. Ce qui caractérise le problème, c'est la recherche d'antécédents inconnus. Le problème est l'inverse du théorème. La solution d'un problème, si elle est générale, devient l'énoncé d'un théorème. On appelle souvent problème une question non résolue, un théorème non démontré.

LOGIQUE SPÉCIALE OU APPLIQUÉE

La logique spéciale est celle qui détermine la méthode propre à chaque ordre de sciences en particulier. On la nomme aussi *logique appliquée*, parce qu'elle est l'application des lois réelles et formelles de la certitude, des procédés déductifs et inductifs, et des méthodes d'analyse et de synthèse, à chaque groupe de connaissances scientifiques. Toute science étant un *ensemble de connaissances certaines reliées entre elles par des principes communs*, c'est dans les différents modes de certitude qu'il faut chercher la vraie base d'une classification. On aura ainsi trois catégories de sciences : 1° les sciences d'*évidence* ou sciences *exactes*, comprenant la métaphysique générale, la logique générale et les mathématiques; 2° les sciences *physiques*; 3° les sciences *morales*; chaque ordre de sciences correspond à un ordre de certitude : métaphysique, physique ou morale. La science pouvant aussi bien se définir un *système de connaissances raisonnées*, on arrivera à la même division en adoptant pour base la diversité des modes de raisonnement qui dominent dans chacune d'elles; les sciences d'évidence sont en même temps essentiellement *déductives*; les sciences physiques et morales, essentiellement *inductives*.

MÉTHODE DES SCIENCES MATHÉMATIQUES

On donne le nom de *mathématiques* à l'ensemble des sciences ayant pour objet la recherche et la démonstration des *rapports quantitatifs*, c'est-à-dire des relations que les grandeurs de divers ordres ont entre elles. Les mathématiques sont une branche détachée du tronc de la métaphysique; les connaissances dont elles traitent ne sortent pas de l'ordre ontologique (*Mét.*, p. 52). Ceux qui nient l'absolu ou la possibilité de le connaître contestent naturellement la certitude des mathématiques. « Nous voyons chaque jour, dit Poincaré, la science agir sous nos yeux. Cela ne pourrait être si elle ne nous faisait connaître quelque chose de la réalité. Mais ce qu'elle peut atteindre, ce ne sont pas les choses elles-mêmes, comme le pensent les dogmatiques naïfs, ce sont seulement les rapports entre les choses; en dehors de ces rapports, il n'y a pas de réalité connaissable. » C'est parfaitement exact, et Poincaré énonce là une vérité banale. Nous ne connaissons que des rapports. Mais cette constatation ne l'autorise nullement à réduire la science à une pure hypothèse, à un nominalisme de convention. Son criticisme est surtout inapplicable aux mathématiques, dont tous les éléments sont connus dans leur essence; il est sans portée à l'égard des autres sciences qui ne prétendent nullement atteindre l'essence des choses, mais seulement leurs rapports. Que sont d'ailleurs les rapports, sinon des vérités générales, des réalités intelligibles, antérieures et supérieures aux existences, des lois réelles qui dominent et régissent l'ordre des choses? Si l'on parcourt le domaine des sciences diverses, on reconnaît qu'il ne se compose que de corrélations; toutes les sciences ont pour objet des rapports qu'elles analysent et qu'elles mesurent. Ces rapports sont objectifs et tiennent à l'essence même des choses. Entre tous, les rapports quantitatifs sont des rapports

essentiels, c'est-à-dire des entités, des degrés d'être immuables; l'idée que nous en avons est l'intuition directe
de l'intelligible, c'est-à-dire de l'être en soi; elle est indépendante de toute expérience, quoique suggérée par l'expérience et confirmée par celle-ci intégralement et universellement.

Concepts et définitions. — L'idée simple de quantité,
qui est la matière première des mathématiques, engendre,
en se combinant avec d'autres idées élémentaires telles
que : unité, pluralité, étendue, mouvement,... des concepts spéciaux : nombres, carrés, cubes, racines, points,
lignes, surfaces, fonctions,... qui deviennent les termes
des propositions et l'objet des raisonnements. La simplicité, la clarté de ces concepts, la précision des termes,
sont exclusives de toute chance d'erreur, ce qui a valu à ces
sciences, abstraites entre toutes, le nom de *sciences exactes*.

La compréhension ou essence des concepts mathématiques fait l'objet des définitions. Ex. : la circonférence est
une ligne courbe dont tous les points sont également dis-
tants d'un même point nommé centre. La définition mathématique est bien différente, dans sa nature et dans son
rôle, de la définition empirique.

1° La définition mathématique se fait *a priori,* par con·
ception, construction, génération (ce qui ne veut pas
dire qu'elle soit une pure création de l'esprit). Son objet
n'existe pas tout fait dans la réalité sensible, comme celui
de la définition empirique; mais, étant l'expression d'un
concept, elle correspond parfaitement à son objet et lui est
adéquate; donc elle constitue une proposition nécessairement vraie, évidente; elle peut, à l'égal d'un principe,
servir de base à une démonstration. De la définition de
la circonférence il résulte certainement, évidemment,
que tous les rayons sont égaux. La seule objection un peu
spécieuse qui ait été faite contre la valeur et l'autorité
d'une définition mathématique, c'est de pouvoir recéler
à notre insu une contradiction; d'où il suivrait que les

propositions déduites de la définition ne seraient certaines qu'hypothétiquement, non catégoriquement. Mais cette objection est vaine. La définition mathématique prouve la possibilité d'un concept en montrant sa génération idéale : ce qui se conçoit, ce qui se construit et se figure est possible; le contradictoire ne saurait ni se concevoir, ni s'engendrer, ni se figurer, ni se réaliser.

2° La définition mathématique est une définition *réelle* et non nominale. Elle est intuitive, analytique, immuable, définitive; elle est un principe, non une conséquence; une source de déduction, non une conclusion de raisonnement; au contraire, la définition empirique est provisoire, sujette à progresser; la première est constructive, la seconde descriptive, *a posteriori*. Elles sont l'inverse l'une de l'autre.

Propositions. — Les propositions mathématiques sont toutes analytiques et universelles; les rapports qu'elles expriment sont nécessaires, essentiels, permanents, tirés de la compréhension même des idées et de l'ordre absolu des choses. Les termes employés pour marquer les quantités sont des signes abstraits, chiffres, lettres ou figures. Le verbe ou copule est le signe d'égalité $=$ ou d'inégalité, $<$ plus petit, $>$ plus grand, mis entre deux quantités simples ou composées, ce qui constitue une *équation*. Toute proposition mathématique peut se ramener à une équation, énonciation d'équivalence entre deux termes. Le cas d'une inégalité est celui d'une proposition exprimant une progression.

Opérations. — Les mathématiques analysent et mesurent les rapports quantitatifs au moyen de deux opérations fondamentales qui résument toutes les autres et qu'on a improprement appelées *multiplication* et *division*. La multiplication, dont le vrai nom est *composition*, consiste à effectuer un *produit* de deux *facteurs*, c'est-à-dire à former une nouvelle quantité qui soit avec l'un des facteurs dans le même rapport que l'autre facteur est avec l'unité, une quantité quelconque pouvant être prise comme unité. Un produit peut se composer d'une pluralité quelconque de facteurs. La composition s'indique par la simple juxtaposition des signes abstraits désignant les facteurs ; entre les chiffres on met le signe $\times$.

La division, opération inverse de la précédente, serait mieux nommée *décomposition*: elle consiste à extraire d'un produit un des facteurs qui le composent. Le facteur à isoler et à retrancher prend le nom de *diviseur* ou *dénominateur*. Cette opération s'indique en plaçant au-dessous du produit à diviser le facteur qu'il faut en extraire pour obtenir le *quotient*. Toutes les opérations mathématiques se résument dans ces deux opérations de composition et de décomposition des quantités en vue d'aboutir à une équation définitive.

Principes, axiomes. — Les principes sur lesquels reposent les mathématiques sont d'abord les principes ontologiques; cela va sans dire; puis certains principes spéciaux nommés *axiomes* (*Mét.*, p. 44). L'axiome mathématique est une proposition évidente énonçant un rapport nécessaire entre quantités indéterminées. Ex. : Deux quantités égales à une troisième sont égales entre elles. Chaque branche des mathématiques a ses axiomes propres, outre les axiomes communs à toutes. Ces vérités fondamentales ont le double caractère de n'avoir pas besoin de démonstration et d'être indémontrables : la démonstration s'y arrête comme à une limite.

Il ne faut pas confondre les axiomes avec les définitions. On prend souvent l'un pour l'autre. Ex. : La ligne droite est le plus court chemin d'un point à un autre. Ce n'est pas là une définition, c'est un axiome; la ligne droite doit se définir : la ligne que suit un point se dirigeant invariablement vers un autre. Cette définition engendre l'axiome précédent.

Les axiomes sont tous analytiques, car tous dérivent

de la compréhension du sujet. Une proposition synthétique ne peut être évidente. Selon Kant, certains axiomes géométriques seraient des propositions synthétiques, non évidentes par conséquent, mais indémontrables. Ainsi, dans l'axiome de la ligne droite, l'idée de *droite* (directe, direction) serait d'un autre genre que celle de *plus courte* (quantité); dans celui-ci : Deux parallèles sont toujours équidistantes, l'idée de *parallèle* (direction) serait d'un autre genre que celle d'*équidistant* (quantité); dans cet autre : Les angles droits sont égaux, l'idée d'*angle droit* (forme) serait d'un autre genre que celle d'*égal* (quantité). Ces prétendus axiomes ne seraient ni des définitions ni des axiomes, puisqu'ils ne sont pas analytiques. Que seraient-ils donc? Des propositions non évidentes, non démontrables, c'est-à-dire de vrais postulats? C'est à tort que Kant les qualifie de synthétiques. Si l'on analyse, par exemple, l'idée d'angle droit, on reconnaitra que la forme implique ici une quantité; de même, l'idée de parallèle implique celle de distance constante et par conséquent de quantité; enfin, l'idée de direction unique implique celle de plus courte distance, c'est-à-dire de quantité.

Postulat. — Outre les définitions et les axiomes, les mathématiques emploient comme base de démonstration certains postulats, vérités de sens commun dont la certitude a été établie en logique générale. Cet anneau introduit dans la chaîne des raisonnements n'infirme donc point la certitude de l'ensemble. Le plus célèbre des postulats est celui d'Euclide, qui se trouve au début de la géométrie, et sans le secours duquel toute la suite des déductions serait arrêtée : Par un point extérieur à une droite on ne peut mener qu'une seule parallèle à cette droite. Si l'on veut tenter une démonstration de cette proposition, il faudra invoquer comme postulat une des propositions fondées sur celle-ci; ce sera changer de postulat, non le supprimer; déplacer, reculer la difficulté, non la résoudre.

Raisonnements. — Les raisonnements mathématiques sont déductifs, ce qui a valu à cet ordre de sciences le nom de sciences déductives par excellence. Quelle que soit leur diversité apparente, les déductions mathématiques se réduisent uniformément à des *substitutions* de quantités mesurées, aux quantités dont la mesure est en question, qu'il s'agisse de quantités continues ou de quantités discontinues : substitutions des éléments au tout, du tout aux éléments, ou d'équivalents l'un à l'autre. Le raisonnement mathématique est un vrai syllogisme dont la majeure unique et sous-entendue est celle-ci : *Deux quantités égales peuvent se substituer sans que l'égalité cesse entre les membres de l'équation.* Le mécanisme du syllogisme mathématique consiste, comme dans tous les autres, à établir une liaison entre deux termes au moyen de transformations qui les ramènent à une commune mesure.

En géométrie, le raisonnement consiste : soit à superposer deux figures pour montrer leur égalité, soit à les ramener à une même grandeur comparative. Ainsi, pour prouver l'égalité de deux triangles ayant un angle égal compris entre deux côtés égaux chacun à chacun, on superpose les deux angles égaux et on montre que les côtés coïncident en direction et en grandeur, d'où il suit que le 3e côté de l'un se confond avec le 3e côté de l'autre et que les deux triangles sont égaux, puisque toutes les parties de l'un se substituent à celles de l'autre directement. — S'il s'agit de prouver que la somme des angles d'un triangle égale 2 droits, on prolonge un des côtés et on tire une parallèle au côté extérieur, puis on substitue à la somme inconnue la somme connue des angles formés autour d'un point et d'un même côté d'une droite. Pour démontrer la légitimité de cette substitution, on invoque l'égalité des alternes-internes et celle des correspondants qu'on substitue aux deux angles extérieurs. — Enfin, pour prouver que le carré d'une hypoténuse est égale à la somme des carrés des deux autres côtés d'un triangle rectangle, on décompose le grand carré en deux rectangles dont chacun équivaut à un des petits carrés. Cette équivalence se démontre en substituant à chacun des rectangles, dont l'équivalence n'apparaît pas immédiatement, des triangles ayant avec eux une commune mesure. Les *constructions* géométriques sont des auxiliaires du raisonnement; elles ont pour objet de fournir des substitutions utiles entre quantités dont l'égalité est en question. Les figures dont la grandeur est à mesurer se transforment ou se décomposent en figures déjà mesurées ou plus facilement mesurables.

Si l'on passe des raisonnements géométriques aux raisonnements arithmétiques ou algébriques, on retrouve la même procédure. Ainsi, pour résoudre une équation du 2ᵉ degré $x^2 + ax = n$, on observe que cette équation comprend les deux premiers termes du carré du binôme $x + \dfrac{a}{2}$ qui serait $x^2 + ax + \left(\dfrac{a}{2}\right)^2$; on lui substitue ce carré : $\left(x + \dfrac{a}{2}\right)^2$, en ajoutant à la quantité connue n le 3ᵉ terme $\left(\dfrac{a}{2}\right)^2$, pour maintenir l'égalité; car c'est la persistance de l'égalité qui fait la légitimité des substitutions ou transformations d'équations. On obtient l'équation $\left(x + \dfrac{a}{2}\right)^2 = n + \left(\dfrac{a}{2}\right)^2$ à laquelle on substitue $x + \dfrac{a}{2} = \sqrt{n + \left(\dfrac{a}{2}\right)^2}$, d'où $x = \sqrt{n + \left(\dfrac{a}{2}\right)^2} - \dfrac{a}{2}$.

On voit que le raisonnement mathématique est essentiellement déductif. Selon Poincaré, il serait plutôt inductif, et de là viendrait sa fécondité. Ce qu'on prend pour une vraie déduction, dit cet auteur, c'est au fond une *récurrence*, qui consiste à étendre un théorème démontré pour un cas à plusieurs autres cas successivement, puis à tous les cas en général. Le raisonnement par récur-

rence contiendrait condensés dans une formule unique
une infinité de syllogismes hypothétiques ayant tous la
même majeure : ce qui est vrai de A est vrai de B. La
conclusion de chaque syllogisme servirait de mineure
au suivant. Ainsi, la vérité démontrée pour un cas particulier se généraliserait dans l'esprit, ce qui est bien le
fait de l'induction; l'absolu naîtrait du relatif, d'une infinité de relatifs. — Cette théorie ne supporte pas l'examen. Quand on constate que $(a+b)^2 = a^2 + 2ab + b^2$, ce
n'est pas une vérité particulière, ce n'est pas un cas spécial que l'on affirme, c'est une vérité générale, absolue,
qui embrasse tous les cas possibles; les termes seuls
sont relatifs, le choix des signes est particulier, mais la
vérité est universelle et dérive de l'essence même des
choses. Ce n'est pas par récurrence qu'après avoir démontré, abstraction faite de toute dimension, que tel
triangle équilatéral est équiangle, on affirme que tout
triangle ayant ses côtés égaux aura aussi ses angles égaux.
Ce paradoxe étonne de la part d'un mathématicien.

Analyse et synthèse. — Les *théorèmes* mathématiques
se démontrent soit par la méthode synthétique, soit par
la méthode analytique, mais le plus ordinairement par la
première. La démonstration synthétique part d'une définition, d'un axiome, ou d'un théorème déjà démontré, et
descend par degrés, de conséquence en conséquence,
jusqu'à la proposition en question. La démonstration
analytique se fait en dégageant du théorème une ou plusieurs propositions contenues dans sa compréhension et
dont la certitude implique celle de la proposition à démontrer.

Soit le théorème : Par trois points non en ligne droite
on peut toujours faire passer une circonférence.

Démonstration synthétique. — Entre deux points A et
B on peut faire passer un nombre indéfini de circonférences dont les centres constitueront la perpendiculaire
élevée au milieu de la ligne AB; car cette perpendiculaire

6

est le lieu géométrique de tous les points également dis-
tants des extrémités d'une droite. Menons la seconde
droite BC; même raisonnement que pour AB. Or, les
deux perpendiculaires élevées au milieu de AB et de BC
n'étant pas parallèles doivent se rencontrer, et le point
d'intersection O appartenant à chacune d'elles, les lignes
OA, OB, OC sont égales et représentent les rayons d'une
circonférence passant par les trois points donnés.

Démonstration analytique. — Traçons un triangle quelconque ABC inscrit dans une circonférence quelconque.
Les côtés sont des cordes. Les extrémités de ces cordes
sont à égale distance du centre. Ce centre est donc sur le
point d'intersection O des perpendiculaires élevées au
milieu de ces cordes. Or, cette opération peut toujours se
faire sur les deux droites rejoignant ensemble les points
donnés, ce qui démontre le théorème.

Le *problème* mathématique est l'application d'un ou
plusieurs théorèmes. Considéré en lui-même et isolément,
il est l'inverse du théorème. Le problème se résout ordinairement par l'analyse, en supposant la solution acquise,
c'est-à-dire le problème résolu, comme dans la démonstration analytique du théorème ci-dessus. Descartes a
résumé ainsi la méthode d'analyse mathématique : « On
déduit de l'inconnu le connu en traitant l'inconnu comme
connu et le connu comme inconnu. » Le problème est
quelquefois susceptible d'une résolution synthétique. S'il
s'agit, par exemple, de faire passer une circonférence par
trois points donnés, on peut employer la méthode synthétique, proposée la première.

Hypothèse et thèse; formules. — Tout théorème,
comme tout problème, comprend une *hypothèse* et une
thèse. L'hypothèse (déductive) est l'ensemble des conditions que remplissent les quantités entre lesquelles la
thèse énonce un rapport; l'hypothèse est l'antécédent de
la thèse; la thèse, le conséquent de l'hypothèse.

La *formule* mathématique est l'énoncé abrégé d'un

théorème ; elle a pour but de le condenser et d'en faciliter
l'application, comme aussi de résoudre les problèmes
qui s'y rattachent. L'application d'un théorème n'est pas
toujours un véritable problème, comme on le dit par abus.
Le théorème consiste dans une hypothèse dont se déduit
la thèse ; le problème dans une thèse dont on doit trouver l'hypothèse. Une équation à résoudre n'est pas un
problème ; la mise en équation, c'est-à-dire la détermination d'un rapport entre un inconnu et un ou plusieurs
connus, voilà ce qui fait le fond d'un problème.

L'induction en mathématiques. — Quoique les mathématiques soient essentiellement déductives, l'induction y joue un rôle important. Induction et généralisation
sont synonymes ; les mathématiques, qui sont les sciences
les plus abstraites, les plus générales après l'ontologie,
n'échappent pas à la loi commune à toutes les sciences,
qui est de généraliser encore, de généraliser toujours de
plus en plus.

1º C'est par généralisation qu'ont été inventés, décou-
verts (non créés), les éléments divers des sciences exactes.
Les nombres, les figures théoriques, n'existent point dans
la nature, si ce n'est à l'état de symboles ; il n'y a pas un
cercle parfait dans le monde, et nul n'a jamais rencontré
un polygone de mille côtés. Les notions fournies par
l'expérience ont été idéalisées, c'est-à-dire généralisées,
pour devenir des concepts mathématiques.

2º L'invention des théorèmes procède également de
l'induction ; la plupart d'entre eux ont été des vérités
expérimentales avant de devenir des vérités rationnelles ;
on en invente encore de nouvelles. « Il est certain, dit
Euler, que la plupart du temps les propriétés des nombres ont été reconnues par la seule induction, et que les
mathématiciens se sont ensuite efforcés de les confirmer
par des démonstrations déductives ; l'expérience a révélé
les principes. » Toute science, sans en excepter les mathématiques, est partie du fait pour s'élever à la loi ; les

sciences exactes sont nées de la généralisation, c'est-à-
dire de l'induction ; devenues adultes, elles vivent de déduction et se nomment déductives. L'induction est l'œuf
de toute déduction ; mais ce n'est pas une raison pour faire
rentrer celle-ci dans l'œuf, comme le prétend Poincaré.

3° Les problèmes sont également inventés, et leur solution est souvent suggérée par l'analogie ; deux problèmes
analogues se résolvent par des moyens analogues. Ainsi,
c'est par analogie qu'on a trouvé le moyen de résoudre
l'équation complète du 2° degré : $x^2 + ax = n$, en la com-

parant avec le développement initial du binôme $x + \dfrac{a}{2}$.

Mais cette analogie n'est pas l'analogie vulgaire ; c'est
l'analogie métaphysique.

4° On a déjà vu dans le *postulat* un cas remarquable
d'induction suppléant au défaut de la déduction. Ce cas
est celui de l'*expérience interne,* c'est-à-dire de l'impossibilité de concevoir le contraire, analogue à l'expérience
externe d'où procède l'induction commune.

5° Le principe de *transcendance,* en vertu duquel on
passe du fini à l'infini, est un principe de généralisation,
et par conséquent d'induction métaphysique. Ce principe
permet, par exemple, d'aller du polygone régulier, dont
le nombre de côtés croît indéfiniment, au cercle, qui est
sa limite idéale et qu'on n'atteint que par induction.
Dans la série des sous-puissances d'un nombre quelconque, lorsqu'on arrive à un nombre fractionnaire très
voisin de l'unité, on observe que la fraction va en se
dédoublant à chaque terme, pour chaque doublement
de l'indice de la racine, si l'on ne prend qu'un nombre
de chiffres décimaux significatifs égal à celui des zéros
qui suivent l'unité. Ainsi la racine 32568ᵉ de 10 étant
1,00007027, la racine carrée de celle-ci, c'est-à-dire
la racine 65136ᵉ de 10, est le nombre fractionnaire
1,000035135, soit 1 plus la moitié de la fraction qui figure
dans son carré. Cette loi est une loi empirique ; on ne
peut la déduire d'aucun principe connu ; on l'a vérifiée

aussi loin qu'on a poussé les calculs; c'est par induction
qu'on lui donne une extension illimitée. La loi de *continuité* métaphysique, d'où dérive le calcul infinitésimal,
est induite.

MÉTHODES DES SCIENCES INDUCTIVES

Les sciences inductives sont l'antithèse des sciences
déductives. Elles ont pour matière première élémentaire
des concepts complexes et concrets, ce qui leur vaut le
nom de sciences *concrètes :* faits, formes, qu^{il}tés, individus de toute sorte, lois naturelles, vérités contingentes
et relatives. Toutes leurs propositions sont synthétiques
et par conséquent non évidentes. Les rapports qu'elles
affirment sont des rapports existentiels, dérivant de la
nature des choses telles qu'elles sont, mais qui peuvent
se concevoir autrement. Les raisonnements qu'elles
emploient sont pour la plupart inductifs; la déduction
n'y joue que le rôle d'auxiliaire de l'induction.

La méthode des sciences inductives varie comme l'objet de chacune d'elles ou de chaque groupe de sciences
analogues.

Ces sciences se divisent en *sciences de la nature* et
sciences morales. Les sciences de la nature ont pour objet
les êtres matériels et les phénomènes sensibles, en excep-
tant les faits humains, volontaires et libres, qui sont la
matière des sciences morales. Les sciences de la nature
se divisent en *sciences physiques* proprement dites et
sciences naturelles. Les sciences physiques ont pour objet les phénomènes ou faits naturels; ce sont : la physique, la chimie, les sciences physico-mathématiques ou
sciences mixtes participant des sciences exactes, telles
que la mécanique et la cosmographie. Les sciences naturelles ont pour objet les formes des êtres répandus dans
notre monde; ce sont : la géologie, la zoologie, la bota-
nique, la biologie. Certaines sciences, comme la méde-

ciné, participent à la fois des sciences physiques et naturelles.

Les sciences morales ont pour objet l'homme, sujet pensant et libre, soit en tant qu'*individu :* psychologie et morale individuelle; soit en tant qu'*être social :* sociologie, politique, économie, droit, histoire, etc.

La méthode commune aux sciences inductives est la méthode d'investigation, qui est l'inverse de la méthode de construction. C'est une méthode empirique, c'est-à-dire d'observation et d'expérience, de généralisation; analytique dans la plupart des cas, et synthétique par exception, presque toujours *a posteriori.*

MÉTHODE DES SCIENCES PHYSIQUES

Les sciences physiques sont les *sciences des lois qui régissent les phénomènes généraux de la nature,* c'est-à-dire des phénomènes émanant des forces inorganiques, à l'exclusion des fonctions propres aux êtres organisés. Ces phénomènes, considérés en eux-mêmes, dans leur existence individuelle, ne sauraient former une science, car il n'y a de science que des vérités générales. Mais si l'on observe que les faits se reproduisent régulièrement, avec ordre, en tout lieu, en tout temps, on est conduit à attribuer cet ordre à des causes permanentes qui règlent la succession des phénomènes, c'est-à-dire à des lois ou rapports constants dérivant de la nature des choses. Ces rapports invariables constituent les *lois physiques.* C'est une loi, par exemple, que tout métal est dilaté par la chaleur; il y a un rapport constant entre l'application de la chaleur à un métal et la dilatation de ce métal; ce rapport est un rapport de causalité entre deux phénomènes dont le premier est l'*antécédent,* le second le *conséquent.*

Le problème des sciences physiques comprend : 1° la recherche du phénomène causant, déterminant, conditionnant; 2° la mesure du phénomène causé, déterminé, conditionné, afin d'établir entre eux un rapport fixe, c'est-à-dire une loi. La solution de ce problème comporte : 1° la connaissance des phénomènes par l'expérience; 2° la détermination des lois par le raisonnement.

Expérience. — L'expérience est la base des sciences physiques, justement comprises sous la dénomination de *sciences expérimentales*. Les sciences physiques ne se constituent pas *a priori*, comme l'avait rêvé Descartes, dont l'idéal était de les ramener toutes à une formule unique. L'essence de la matière étant, selon lui, l'étendue géométrique, et les phénomènes de simples variations du mouvement, la physique devenait géométrie et mécanique; les vérités physiques devaient se déduire mathématiquement l'une de l'autre. Cette vaste conception ne pouvait tenir en face de la réalité. Descartes n'en a pas moins la gloire d'avoir montré le but, c'est-à-dire l'unité que les sciences physiques doivent poursuivre et qu'elles atteindront peut-être, mais par l'induction, voie toute différente de celle qu'il avait tracée, la déduction.

L'expérience, ou connaissance expérimentale, s'obtient par un double procédé : l'*observation* et l'*expérimentation*.

Règles de l'observation. — L'observation est la simple constatation d'un fait spontanément produit par la nature. C'est la pierre angulaire de tout l'édifice des sciences inductives. Ces sciences reposent sur des faits; si ces faits sont mal établis, la construction n'a aucune solidité. L'observation se fait avec les sens aidés d'instruments qui en augmentent la puissance, la précision, et qui les suppléent au besoin, comme le thermomètre et le baromètre.

L'observation doit être : 1° *exacte,* c'est-à-dire ne rien ajouter, ne rien omettre des faits; pour être exacte, elle devra se réitérer, afin de se confirmer ou se rectifier;

2° *précise,* c'est-à-dire apprécier toutes les *qualités* ou circonstances du fait, et les *quantités* de temps, d'espace, de poids, etc.; 3° *méthodique,* c'est-à-dire être faite avec ordre, avec choix, en allant du simple au composé. L'investigation scientifique est celle qui s'attache aux faits importants, vraiment significatifs. Bacon a ainsi classé les faits à observer : faits *ostensifs,* prédominants, comme la cohésion dans les solides; faits *clandestins,* ébauchés, comme la cohésion dans les fluides; faits de *migration* ou de *transition,* comme les changements de couleurs; faits *irréguliers,* anormaux, exceptionnels; faits *décisifs,* qui tranchent toute hésitation et marquent définitivement les conquêtes de la science : Bacon les nomme *privilégiés :* c'est au flair du savant qu'il appartient de les discerner; enfin, 4° l'observation doit être *impartiale,* c'est-à-dire dégagée de toute opinion préconçue.

Règles de l'expérimentation.

— L'expérimentation est l'observation d'un phénomène artificiellement provoqué, dans des conditions voulues par le savant. *Expérience* est souvent pris dans le langage vulgaire comme synonyme d'expérimentation; on dit : faire une expérience, au lieu d'expérimenter. L'observateur lit ou écoute la nature, l'expérimentateur l'interroge; le premier la guette, le second la poursuit, lui tend des pièges ou la violente pour lui arracher son secret; l'un rencontre, trouve des phénomènes, l'autre les provoque et se les procure.

Outre les règles de l'observation, règles communes à l'expérimentation, Bacon a tracé les suivantes :

1° *Variation de l'expérience.* — La variation peut porter sur la *matière :* après avoir fait congeler de l'eau ordinaire, on fera congeler de l'eau distillée, de l'eau de mer; variation de *cause :* on essayera successivement des aimants naturel ou artificiel; variation de *quantité,* très usuelle en chimie; variations de *circonstances,* c'est-à-dire de temps, de lieu, de température, etc.

2° *Extension,* c'est-à-dire redoublement de l'expérience, par exemple : seconde distillation de l'alcool, sublimation par l'acide sulfurique.

3° *Translation* de l'expérience; par exemple, production d'arcs-en-ciel artificiels, application des instruments d'optique à l'acoustique.

4° *Renversement* de l'expérience : contre-épreuve expérimentale; un fait étant constaté, chercher la preuve du contraire; emploi de la synthèse après l'analyse.

5° *Compulsion :* pousser l'expérience jusqu'au point où le phénomène disparaît; par exemple, limite de la réfraction, réflexion totale.

6° *Copulation :* accouplement de phénomènes, essais sur les mélanges.

7° *Hasards* de l'expérience, tâtonnements dans le but de pêcher en eau trouble; « expérimenter pour voir », selon le mot de Cl. Bernard; nombre de découvertes sont dues à des cas fortuits.

Si l'on compare en valeur l'observation et l'expérimentation, c'est évidemment à celle-ci qu'est l'avantage ; c'est elle qui fournit les faits privilégiés. Les faits expérimentaux ont le privilège du *nombre* des observations utiles; de la *nouveauté,* car ils sont des créations; de la *clarté,* car ils sont plus simples que les faits naturels; de la *valeur probante,* car ils sont plus significatifs; les rapports de causalité s'y révèlent d'autant plus clairement qu'ils sont mieux choisis. Les sciences d'observation pure, comme la météorologie d'où l'expérimentation est bannie, sont donc bien inférieures aux autres. Cl. Bernard appelle les premières *expectantes* et *contemplatives,* les secondes *actives* et *conquérantes.*

Généralisation de l'expérience. — L'expérience est le premier stade de l'investigation scientifique ; le deuxième stade est la généralisation de l'expérience par l'application du principe d'induction, l'âme des sciences expérimentales. Sans l'induction, aucune expérience ne serait

concluante, celle de demain pouvant différer de celle
d'aujourd'hui. Sans son secours, pas de science possible,
car l'expérience répétée indéfiniment ne donnerait jamais
que des faits particuliers, matériaux impropres à entrer
dans une construction scientifique. En raisonnant sur des
faits particuliers, on n'en tirerait jamais une loi universelle; une loi ne s'extrait que de vérités générales; pour
raisonner sur un phénomène isolé, en vue de formuler
une loi qui s'applique à tous les phénomènes semblables,
il faut donner au fait particulier la valeur d'une vérité
générale; tel est l'office de l'induction. Un fait, mille faits
passagers, éphémères, sont sans consistance; ils s'éva-
porent, ils s'évanouissent aussitôt qu'ils sont accomplis.
On ne bâtit pas avec des fluides, il faut des blocs capables de se souder. C'est l'induction qui va donner aux
faits la consistance nécessaire; c'est elle qui, en aggluti-
nant, en cimentant les grains de sable, va en former des
masses solides, matière indispensable à l'édification d'une
science. Par l'induction, les faits particuliers se transforment en faits universels, c'est-à-dire en vérités générales; l'expérience revêt une autorité absolue dans l'espace et dans le temps. Désormais elle vaudra pour tous
les cas semblables, en vertu de ce principe que dans les
mêmes conditions les mêmes faits se reproduiraient identiques aux précédents. Or, c'est sur les faits exclusivement que porte la généralisation, la cause étant toujours
conçue comme universelle, permanente, invariable. Ce
sont les faits généralisés dont on va rechercher la cause;
c'est sur eux qu'on va pouvoir raisonner utilement. L'induction précède donc logiquement la déduction. Elle la
précède aussi, chronologiquement; car elle accompagne
toujours l'expérience et s'y mêle intimement.

Interprétation de l'expérience. — C'est le troisième
stade de l'opération scientifique. Il s'agit de discerner,
parmi les circonstances d'un phénomène, quelles sont
celles qui le régissent, quelles sont celles qui l'accompa-

gnent seulement; parmi les rapports multiples que fait connaître l'expérience, quels sont les rapports constants, fixes, qui constituent des lois; parmi les coïncidences variées de ce phénomène avec d'autres, quelles sont les coïncidences essentielles et quelles sont les coïncidences purement accidentelles. Ce problème, la simple inspection est souvent incapable de le résoudre; il faut recourir au raisonnement. Les faits en eux-mêmes sont muets; ils ne sont que l'indice des lois; c'est cet indice qu'il faut interpréter par déduction.

Le raisonnement qui s'applique à l'expérience, et qu'on a nommé raisonnement *expérimental,* est un raisonnement déductif, basé sur le principe de causalité. Il n'y a pas d'effet sans cause; donc la cause doit toujours accompagner l'effet; réciproquement, il n'y pas de cause sans effet, c'est-à-dire la cause étant posée, l'effet doit s'ensuivre (si une cause étrangère n'y met pas obstacle); donc entre les faits qui se produisent indépendamment l'un de l'autre, il n'y a point de rapport de causalité. Un corollaire du principe de causalité est celui-ci : la cause contient tout ce qui est dans l'effet, c'est-à-dire tout ce qui est dans l'effet a sa raison d'être dans la cause; donc les variations dans la cause doivent entraîner des variations correspondantes dans l'effet; par conséquent il n'y a pas de rapport de causalité entre faits qui varient indépendamment l'un de l'autre.

Tables de Bacon. — C'est par application de ces principes que Bacon, créateur de la méthode des sciences expérimentales, a formulé la règle des trois tables que devra dresser l'observateur :

1° *Table de présence,* comprenant tous les cas où le fait dont on cherche la cause se produit en présence de certains antécédents;

2° *Table d'absence,* comprenant les cas où le fait ne se produit pas, les antécédents étant présents ou absents;

3° *Table de degrés* ou *de comparaison,* comprenant les

cas où le fait croît ou décroît, ainsi que les antécédents qui croissent ou décroissent en même temps que lui.

Le dépouillement de ces tables permet d'éliminer tous les antécédents supposés ou concomitants qui ne remplissent pas les conditions de dépendance résultant du principe de causalité; celui qui remplira ces conditions sera l'antécédent cherché.

Méthodes de Stuart Mill. — Stuart Mill a repris les procédés de Bacon en les perfectionnant et en les adaptant à l'état actuel des sciences physiques et naturelles. Quatre méthodes ont été instituées par lui, dont les trois premières sont analogues aux tables de Bacon.

   1° *Méthode d'accord* ou *de concordance*. Soit à déterminer la cause du phénomène *a*. Dans plusieurs cas choisis aussi différents que possible, nous voyons *a* accompagné des phénomènes A, B, C. Dans d'autres cas, B et C disparaissent, mais A accompagne toujours *a*; on en conclut que A est la cause cherchée. Par exemple, le son est produit par un violon, puis une cloche, puis une flûte; l'instrument change, mais dans tous les cas il y a une vibration; donc la vibration est la cause du son, puisque la vibration est inséparable du phénomène sonore. La concordance entre la présence de A et celle de *a* prouve qu'il y a entre eux un rapport permanent.

   2° *Méthode de différence,* inverse de la précédente. Dans plusieurs cas choisis aussi semblables que possible, de manière à faire ressortir les changements, A est tantôt présent, tantôt absent, ainsi que B et C; mais toujours son absence coïncide avec celle de *a*. On conclut que A est la cause cherchée. Par exemple, on fait vibrer la même corde, la même cloche dans l'air et dans le vide; dans l'air le son se produit, non dans le vide; donc le son a pour cause la vibration de l'air.

   3° *Méthode des variations concomitantes.* On choisit plusieurs cas où *a* varie de degrés; on note les variations correspondantes de A, B, C. Celui qui varie toujours en

même temps et dans les mêmes proportions que *a* est la
cause cherchée. Ainsi on fait chauffer une barre de métal
à l'air, dans le vide, à la lumière, dans l'obscurité; la dilatation ne varie que suivant les degrés de chaleur; donc
la chaleur est la cause unique de la dilatation.

4° *Méthode des résidus.* Soit un groupe de phénomènes
A, B, C, antécédents d'un phénomène *a*. Les trois antécédents n'expliquent *a* qu'imparfaitement; une partie de *a*
reste inexplicable autrement que par une cause inconnue
x. Cette cause nouvelle est présumée, par hypothèse
inductive, être la cause du résidu inexplicable. Par exemple, les lois connues de la gravitation expliquent la marche de la planète Uranus. Restent des anomalies qui
supposent la présence d'une cause perturbante. Le Ver-
rier explique ces perturbations par le voisinage d'une
autre planète qu'il devine.

Lois empiriques, lois dérivées. — Les lois physiques
sont *empiriques* ou *dérivées.* Une loi empirique est une
loi établie par l'expérience raisonnée. Elle peut être *principale* ou *secondaire.* La loi principale est celle qui est
irréductible ou qu'on n'a pu réduire à une généralité plus
haute; la loi secondaire est celle qu'on a pu subordon-
ner à une loi principale. Ex. : La quinine guérit la fièvre ;
c'est une loi empirique; mais cette loi ne peut-elle se déduire d'une propriété générale commune aux alcaloïdes?
Dans ce cas, elle serait une loi secondaire, et la loi des
alcaloïdes une loi principale. L'imperfection de la science
nous empêche de rattacher les propriétés fébrifuges de
la quinine à un principe plus étendu. Une loi principale
serait celle qui, fondée sur l'essence des choses, engen-
drerait d'autres lois et ne serait elle-même engendrée par
aucune. Pour affirmer qu'une telle loi existe, il faudrait
pouvoir pénétrer l'essence de la nature, comme nous pé-
nétrons celle des nombres. Une loi vraiment principale se
formulerait *a priori* en une proposition analytique. Ainsi
nous considérons la loi d'attraction universelle comme

7

une loi principale, faute de connaître une loi plus générale dont on puisse la déduire. Mais probablement n'est-
elle que la conséquence d'un principe supérieur; dans
un état plus élevé de la science, elle ne serait peut-être
qu'une loi secondaire, c'est-à-dire une loi dérivée. Nous
sommes forcés de considérer comme principale toute loi
purement empirique. Une loi dérivée est celle qui, d'empirique qu'elle était, a pu se déduire d'une loi générique
dont elle est devenue une conséquence. La loi dérivée est
une espèce contenue dans l'extension de la première.

Analyse et synthèse rationnelles. — Le rôle qu'a
joué jusqu'ici la déduction dans les sciences physiques
est celui d'auxiliaire de l'induction, celle-ci ne pouvant
se passer de la déduction pour interpréter l'expérience.
Les tables de Bacon et les méthodes de Stuart Mill sont
des instruments d'analyse déductive, éclairée et dominée
par le principe de causalité. L'analyse rationnelle est déductive; l'analyse expérimentale est inductive, c'est-à-
dire généralisée. On va voir la déduction jouer dans les
sciences expérimentales un rôle principal et unique,
c'est-à-dire remplacer l'induction dans la détermination
de certaines lois physiques.

1° Au moyen de l'analyse rationnelle, plusieurs lois
réputées distinctes se résolvent en une loi supérieure,
plus générale, qui les embrasse. Des lois considérées
auparavant comme indépendantes sont reconnues faire
partie de l'extension d'une seule dont elles deviennent
des applications, diverses d'apparence. Le plus magnifi-
que exemple de cette opération fut la réunion des lois de
la pesanteur terrestre et de l'attraction solaire sous la loi
générique de la gravitation universelle. Ces *subsomptions*
de lois multiples sous une loi unique, observe justement
Stuart Mill, nous rapprochent de la solution du problème
total de la nature qui est : l'unité engendrant toutes les
uniformités.

2° Inversement, plusieurs lois se combinent par synthèse en une seule qui se déduit d'autres lois génératrices. Par exemple, des lois de la gravitation et de celles de l'hydrostatique résulte la loi des marées. Cette loi, connue d'abord empiriquement, se déduit *a priori* des deux précédentes et n'est qu'une combinaison de l'une et de l'autre : si notre globe était liquide, il prendrait la forme d'un ellipsoïde dont le grand axe serait toujours dirigé vers la lune et s'allongerait à chaque syzygie.

3° Par application des mathématiques, une loi se déduit directement d'une autre. De la loi de la chute des corps, résumée dans la formule $v = gt$, on déduit $g = \dfrac{v}{t}$ et de la loi des vitesses celle-ci : les espaces parcourus sont entre eux comme les carrés des temps, $\dfrac{e}{e'} = \dfrac{t^2}{t'^2}$. Chaque fois qu'il est possible de saisir entre deux phénomènes et d'exprimer numériquement un rapport de quantité, la science physique devient exclusivement déductive, par le simple jeu des formules. L'astronomie et la mécanique font un usage constant des mathématiques, dans tous les cas où les variations d'une grandeur correspondent aux variations d'une autre, ce qui leur a valu le nom de *sciences mixtes*.

4° Extension d'une loi à des cas nouveaux par *déduction analogique*. Le principe d'Archimède, étendu des liquides aux gaz, a permis à Montgolfier de déduire l'ascension d'un ballon gonflé d'air chaud, c'est-à-dire d'un gaz plus léger que l'air.

5° Vérification des hypothèses. Quand l'expérience est impuissante à fournir les documents nécessaires, on imagine, on suppose, on construit un système de causes capables de produire et d'expliquer l'effet connu. On forme une hypothèse dont on déduit les conséquences, et ce sont ces conséquences qu'on vérifie ensuite par l'observation directe. Ex. : Des fontainiers de Florence constatent que dans des corps de pompe où l'on fait le vide, l'eau ne monte pas au delà de 10 mètres. Torricelli suppose que l'ascension de l'eau est due au poids de l'air qui fait équilibre à une colonne d'eau de ladite hauteur. De cette hypothèse Pascal déduit deux conséquences : 1° la pression atmosphérique restant la même, la hauteur de la colonne liquide doit varier en raison de la densité du liquide employé; 2° la densité du liquide restant la même, la hauteur doit varier suivant l'altitude du lieu. Ces deux conséquences se vérifient et confirment l'hypothèse. Au moyen de ce procédé, on a tourné l'obstacle qu'on ne pouvait aborder de front; on a substitué un problème résoluble à un problème insoluble sans cet artifice.

En résumé, la procédure des sciences physiques est à la fois analytique et synthétique, inductive et déductive, mais principalement analytique et inductive. Les phénomènes sont analysés expérimentalement, généralisés inductivement; puis, l'induction s'associe à l'analyse ou à la synthèse rationnelle pour tirer l'unité de la multiplicité. Les lois étant extraites des faits, la science compare les lois et les combine pour en extraire des formules plus générales; puis, de ces lois elle s'efforce de tirer toutes les conséquences possibles et redescend aux applications particulières. En un mot, « la science physique décompose l'expérience présente pour composer l'expérience future. » (Liard.)

MÉTHODE DES SCIENCES NATURELLES

Les *sciences naturelles* sont les sciences des lois qui régissent l'organisation et les fonctions des êtres répandus dans notre monde. Elles ont pour objet les formes de ces êtres, c'est-à-dire leur constitution et l'exercice de leurs propriétés constitutives.

Les phénomènes *naturels* proprement dits se distinguent des phénomènes physiques en ce que les premiers

sont des fonctions spécifiques, intrinsèques, des êtres
considérés dans leur complexité; tandis que les derniers
sont des faits génériques, extrinsèques, des êtres considérés dans leur simplicité. Les phénomènes naturels sont
particuliers à certaines catégories de corps et se lient à
leur constitution; les phénomènes physiques sont indépendants de la constitution des corps et communs à l'ensemble de la matière dépouillée de toute individualité.

L'objet essentiel, l'idéal de toute science, c'est de ramener une multiplicité réelle à une unité logique ou intellectuelle : la multiplicité des théorèmes mathématiques
à l'unité de l'axiome ou de la définition; la multiplicité
des phénomènes physiques ou sociaux à l'unité d'une loi
générale; la multiplicité des êtres individuels à l'unité
du type; en un mot, c'est de réduire un maximum d'individus à un minimum de types, un maximum de faits à
un minimum de lois, un maximum de lois à un minimum
de principes. La philosophie réduit toutes les sciences
à une seule : c'est son excellence. La science des êtres
et de leurs fonctions propres consiste donc à réduire le
multiple visible à l'unité idéale. Décrire chacun de ces
êtres ne serait pas les faire connaître scientifiquement.
De même que la science physique recherche les lois des
phénomènes, de même la science naturelle recherche les
lois de l'organisation et du fonctionnement des êtres,
c'est-à-dire les rapports permanents qui existent : 1° entre
les caractères distinctifs des êtres; 2° entre les fonctions
diverses d'un même être ou entre ses organes et ses
fonctions.

Caractères naturels. — Les êtres qui composent ou
peuplent notre globe sont en nombre incommensurable
et représentent des variétés multiples. Cependant ils ont
entre eux des ressemblances et des différences, c'est-à-
dire des *caractères typiques* qui les rapprochent ou les
éloignent les uns des autres. La science ne s'occupe que
des caractères essentiels, constitutifs, et non des carac-

tères accidentels, comme la grandeur ou la couleur. C'est par leurs caractères essentiels différents que les êtres se distinguent les uns des autres; c'est par leurs caractères essentiels communs qu'ils forment des groupes, genres et espèces, en un mot des *types*. La science naturelle est donc d'abord la science des types, ensuite la science de leurs fonctions. Elle a un double objet : *classer* les êtres, c'est-à-dire les grouper suivant leurs ressemblances essentielles, puis décrire et expliquer le mécanisme de leur existence, d'après les lois qui y président.

Lois naturelles. — Les *lois naturelles* sont les rapports constants qui existent entre les caractères essentiels, entre les fonctions des divers êtres. Ces rapports ne sont pas, comme pour les lois physiques, des rapports de succession entre phénomènes, mais des rapports de *simultanéité*, de solidarité, de connexité entre les caractères. Au fond, c'est une simple nuance qui sépare ces deux ordres de sciences; les caractères sont de vrais phénomènes; la connexité est une sorte de causalité. Parmi les caractères essentiels, l'observation découvre un certain ordre, une certaine liaison, une sorte de plan; les uns entraînent les autres, de telle sorte que l'un étant posé, l'autre s'ensuit universellement. Ainsi, c'est une loi naturelle que tout mammifère respire par des poumons; ces deux caractères ne se montrent jamais isolément; il y a entre eux un rapport permanent qui constitue une loi. Un type est la formule d'une loi.

Induction naturelle. — L'idée de rapport permanent et de loi naturelle est un fruit de la généralisation des faits particuliers. Le principe d'induction intervient dans les sciences naturelles comme dans les sciences physiques; il est le même au fond, un principe de *régularité:* seule la formule diffère. Dans les sciences naturelles, ce n'est plus le principe de causalité qu'on invoque, mais le principe d'*unité;* c'est l'existence d'un plan dans la nature

qui s'affirme; ce sont des rapports de continuité, d'ordre,
d'harmonie, de régularité dans la coexistence des caractères, rapports que nous érigeons instinctivement en lois
universelles. A cette première différence s'en ajoute une
seconde. L'induction physique est absolue dans le temps
et dans l'espace; l'induction naturelle est toute relative :
elle ne s'étend ni à tous les lieux ni à toutes les époques.
Il ne faut pas perdre de vue, en effet, que dans le problème
de certains faits naturels un élément nouveau intervient,
un facteur essentiellement variable et mobile, la vie, qui
est une perpétuelle transformation, une sorte de Protée
insaisissable. Les lois physiques sont à la fois le résumé
du passé et l'anticipation de "avenir; elles sont immuables; les lois naturelles ne sc it que l'arrêté de situation
du présent ou d'une période de temps plus ou moins
limitée. Les sciences biologiques, partie la plus importante des sciences naturelles, ne formulent que des lois
actuelles, temporaires, qui ne s'appliquent qu'à une partie
du passé et ne régissent qu'un avenir limité. Ces sciences
méritent vraiment le nom qu'on leur a donné d'*histoire
naturelle*. Les espèces se transforment, de nouvelles sont
nées, d'autres ont disparu. Une zoologie faite au temps
du plésiosaure n'aurait plus de valeur aujourd'hui ; dans
quelques centaines de siècles, la zoologie actuelle sera
peut-être une paléontologie.

Ainsi, la généralisation des faits n'a pas dans les sciences dites naturelles la même rigueur que dans les sciences physiques. Si l'hypothèse du transformisme vient à
se vérifier pleinement, le domaine de l'induction naturelle se resserrera dans une mesure considérable; les
lois naturelles devront être considérées comme provisoires.

Quant à la méthode, la recherche des lois fonctionnelles
d'un même être ou d'un même groupe d'êtres est entièrement assimilable à la recherche des lois physiques; une
procédure identique est employée, qu'il s'agisse de
déterminer l'organe d'une fonction, ou la fonction d'un

organe, ou la dépendance de deux organes, ou celle de deux fonctions.

Classification. — La partie principale des sciences naturelles proprement dites est la classification des êtres en groupes et sous-groupes. Les données de l'observation étant généralisées, c'est-à-dire susceptibles de se transformer en lois, il s'agit, parmi les rapports multiples, innombrables, qu'offrent à nos regards les caractères des divers êtres : 1° de discerner les rapports fixes, constants, permanents, des rapports accidentels ; 2° de classer les premiers par ordre d'importance. *Classer,* c'est *distribuer les espèces en groupes distincts, d'après leurs ressemblances et leurs différences essentielles.* La distribution en groupes peut se faire au moyen des caractères les plus apparents, les plus frappants, qui sont souvent accidentels ; on a ainsi une classification *artificielle ;* si la répartition se base sur les caractères essentiels, en tenant compte de leur hiérarchie, c'est-à-dire de leur ordre d'importance significative, on obtient la classification *naturelle* ou *scientifique.* Cette classification représente l'ordre de la nature ; elle est la seule méthodique, la seule que la logique ait à étudier.

Subordination des caractères. — Tous les caractères n'ont pas la même importance ; il y a entre eux une hiérarchie fondée sur leur *degré de généralité ;* les plus généraux sont les plus importants ; on les appelle *caractères dominateurs,* parce qu'ils règnent sur les autres ; les moins généraux sont subordonnés aux plus généraux ; c'est cette *subordination des caractères* que doit marquer une classification logique, en prenant pour chefs des catégories les caractères qui ont une extension supérieure. Ainsi la première division du règne animal sera fondée sur le mode le plus caractéristique de tous, le plan de structure du système nerveux, organe de la sensibilité et de la motivité, puisque le propre de l'animal c'est de sentir et de

se mouvoir. Pour le règne végétal, ce sera la structure
de l'embryon, d'où dépend celle de toute plante; pour le
règne minéral, ce sera la formation cristalline ou sédi-
mentaire qui servira de base au premier partage.

Les caractères doivent être non pas *comptés,* mais *pesés,*
car ils sont de valeur inégale; un caractère du premier
ordre équivaut à plusieurs du deuxième, un du deuxième
à plusieurs du troisième, etc. Le caractère de mammifère,
en apparence secondaire, a bien plus d'importance que
plusieurs autres ensemble plus frappants à première vue,
car il entraîne des conséquences majeures, il préside tout
un cortège de propriétés. Ainsi, la baleine, mammifère, respire par les poumons et s'éloigne fort des poissons, parmi
lesquels on la rangerait en s'arrêtant aux apparences.

La recherche des caractères dominateurs se fait par la
méthode d'accord et de différence, comme celle de l'antécédent causal dans les sciences physiques. 1° Le caractère dominateur se retrouve toujours dans un groupe
quelconque de caractères coordonnés; son absence entraîne celle des autres. 2° Le caractère dominateur a une
plus grande influence que les subordonnés; il s'accompagne d'un grand nombre de conséquences.

La classification, troisième stade de la science naturelle, réduit les types multiples à l'unité au moyen d'un
cadre rationnel où chacun occupe la place que lui assigne
son grade; de même que la détermination des lois physiques réduit à l'unité la multiplicité des phénomènes, en
les rangeant sous l'autorité d'une loi. Dans les sciences
physiques, les lois sont en nombre restreint et se rattachent à des causes indépendantes, au moins en apparence : optique, calorique, acoustique, électricité, etc. La
classification y est donc sans utilité. D'ailleurs chaque
ordre de lois semble irréductible quant à présent et jusqu'à la découverte de formules plus compréhensives.
Dans les sciences naturelles, les différents types, dont
chacun représente une loi organique, sont en nombre

considérable, d'où la nécessité de les grouper en catégories dépendantes formant un plan calqué sur celui de la nature.

La classification, comme la détermination d'une loi physique, s'opère par analyse ou par synthèse.

Classification analytique. — En comparant les individus, qui sont des groupes de caractères, on remarque entre eux des ressemblances et des dissemblances constantes. Aussitôt, éliminant celles-ci et ne tenant compte que de celles-là, on constitue, *avec les ressemblances,* des types abstraits de moindre compréhension, mais d'extension élargie. Comparons, par exemple, un chien et un chat. Les caractères communs à l'un et à l'autre composent un type plus général que chacun d'eux, le type du carnassier; la comparaison d'un bœuf et d'un mouton fournit le type de l'herbivore. En analysant les types carnassier et herbivore, on rencontre un nouvel élément commun qu'on isole et dont on forme le type abstrait mammifère, lequel se superpose aux deux précédents. Entre un mammifère et un poisson, l'analyse révèle une communauté de structure : la colonne vertébrale, qui engendre la classe générale des vertébrés. Ainsi, s'élevant d'étage en étage, de ressemblance en ressemblance, par l'analyse des types de plus en plus généraux, on arrive au faîte, au type suprême d'animal, qui comprend tous les animaux dans son extension. Chaque degré de cette *échelle ascendante* est marqué d'un nom : *race, espèce, genre, famille, ordre, classe, embranchement, règne,* dont la compréhension va en décroissant, l'extension en croissant. Ces degrés sont ceux de la classification analytique, qui, se fondant sur les ressemblances, s'élève de l'individu à la race, de la race à l'espèce, de l'espèce au genre, du genre à la famille, etc.

Classification synthétique. — Par l'analyse on est remonté de l'observation des individus à la détermina-

tion ou abstraction du type suprême dont cet individu
procède. La synthèse parcourt le même chemin en sens
inverse, c'est-à-dire en descendant, et en s'appuyant non
plus sur les ressemblances, mais *sur les différences.*

La science embryologique constate à l'origine de toute
évolution organique la cellule. Au début, une cellule ani-
male ne se distingue pas d'une cellule végétale. Mais bien-
tôt, en vertu de la *loi du règne,* elle se différencie progressivement et revêt les caractères de l'animal, mais
d'un animal quelconque ; rien ne permet de reconnaître
à ce moment ni l'espèce, ni le genre, ni la famille... ni
même l'embranchement auquel l'individu appartiendra.
A mesure que celui-ci se développe, la *loi de l'embranchement* ajoutant son action à la loi du règne, il se caractérise comme vertébré, puis successivement comme mammifère en vertu de la *loi de classe,* comme carnassier... et
ainsi de suite, par l'effet de la *loi de l'ordre,* de la *famille,*
du *genre,* de l'*espèce,* enfin de la *race.* D'étape en étape,
il se spécifie par l'action de lois de moins en moins générales, jusqu'à l'apparition des caractères particuliers
à la race, enfin à l'individu. La série des genèses, des
différenciations progressives qu'il traverse, sont les degrés de la classification synthétique, partant des trois
règnes les plus élevés, les plus abstraits : animaux, végétaux, minéraux, pour *descendre* à l'individu concret.

Si donc on prend pour point de départ le type le plus
simple de l'animal ou du végétal, la cellule, on peut reconstituer l'échelle des êtres organiques, en descendant
d'échelon en échelon, suivant l'ordre de la complexité
croissante des différences. L'animal vit, se meut, sent et
se reproduit ; le végétal vit et se reproduit, mais sans se
mouvoir ni sentir (au moins en apparence) ; le minéral
ne vit pas. Caractère dominateur ou dominant du règne
animal : motivité ou sensibilité. Pour exercer ses fonctions, l'animal a des organes ; mais ces organes diffèrent
entre animaux ; toutes les formes n'ont pas été coulées
dans le même moule ; il y a plusieurs plans de structure,

d'où plusieurs embranchements : vertébrés, annelés, radiaires, etc. Dans un même embranchement les éléments organiques sont différents; la respiration et la circulation présentent des variétés importantes; l'embranchement se divise en classes; ainsi les vertébrés sont mammifères, oiseaux, reptiles, etc. Dans la même classe il y a des différences considérables qui forment des ordres; les organes digestifs ne sont pas les mêmes chez le carnassier, l'herbivore, etc. Un même ordre se subdivise en familles selon certaines différences essentielles : chiens et chats. Une même famille comprend plusieurs genres, un même genre plusieurs espèces, une même espèce plusieurs races; les races se résolvent en individus essentiellement semblables qui ne se distinguent que par des différences accidentelles.

L'individu nous apparaît ainsi comme un système de types emboîtés les uns dans les autres. Les espèces, genres, familles..., groupes de caractères connexes, coordonnés entre eux et subordonnés les uns aux autres, constituent des types de simultanéité, des schèmes théoriques, des catégories idéales qui ne sont autres que les lois naturelles. Un individu est le produit de plusieurs lois de coexistence qui ont coopéré à la formation de son type.

Lois primordiales. — Les lois qui président aux classifications naturelles, c'est-à-dire les lois de coexistence entre les caractères, ne sont pas des lois absolument fixes et immuables; il faut en conclure qu'elles ne sont pas des lois primitives, mais seulement des lois secondaires, dérivées. De quelles lois dérivent-elles? Les sciences de la nature ne mériteraient pas le nom de sciences si elles ne remontaient jusqu'aux lois supérieures, raison dernière à la fois des variations des types et de leur permanence relative. Ces lois supérieures, primordiales, formulées par deux savants naturalistes, sont celles des *corrélations* et des *connexions* organiques.

La première, qui est de Cuvier, régit les conditions
d'existence de l'individu; elle détermine l'accord des
organes entre eux; c'est une loi de finalité, d'utilité,
visant les fonctions; une loi dynamique, agissant par
adaptation des moyens au but, qui est la conservation de
l'individu, grâce à la *flexibilité des caractères*.

La seconde, formulée par Geoffroy Saint-Hilaire, régit
la permanence de l'espèce et maintient l'accord de l'individu avec le type; c'est une loi de stabilité, de fixité, visant
l'ordre général; une loi statique, agissant par hérédité et
ayant pour but la conservation du plan universel par la
rigidité des caractères.

Ces deux lois, antithèse l'une de l'autre, sont en lutte
perpétuelle dans la nature et se tiennent mutuellement en
échec, comme deux pôles magnétiques. L'être vivant est
leur résultante. Les actions contraires de ces deux lois
se combinent, comme les forces centripète et centrifuge
se composent pour engendrer le mouvement elliptique.
Selon l'ingénieuse remarque de Cournot, la théorie de
Geoffroy Saint-Hilaire a de l'analogie avec les idées de
Platon, celle de Cuvier avec celles d'Aristote. Mais ces
vues si intéressantes appartiennent plutôt à la philosophie générale des sciences naturelles qu'à leur logique.

Définitions. — La *définition* est le couronnement des
sciences naturelles, dont le but est de déterminer l'essence,
c'est-à-dire les caractères essentiels des êtres à formations plus ou moins complexes. La définition naturelle a
pour objet le contenu abrégé de la classification; car
définir un objet, c'est le désigner, c'est marquer sa place
dans la série des êtres analogues, de telle sorte qu'on
puisse le reconnaître parmi les autres. Au fond, classer
et définir ne sont pas deux opérations différentes, mais
deux aspects connexes d'une même opération; la dualité
des noms indique seulement la dualité des résultats. Il
est impossible de définir un être sans le classer, puisque
la définition doit se faire par le genre prochain et la dif-

férence spécifique, qui sont des degrés de la classification. Celle-ci précède donc logiquement la définition, car
on ne saurait assigner à un être une place dans un plan
sans avoir tracé ce plan. La situation d'un lieu n'est déterminée par sa longitude et sa latitude que si le réseau des
méridiens et des parallèles a été dressé préalablement.

La définition naturelle, ayant pour objet d'exprimer,
c'est-à-dire d'épuiser la compréhension d'un objet réel,
serait interminable, si le contenu du concept n'avait été
déjà organisé en système; mais si les attributs sont classés, répartis en groupes qui s'emboîtent les uns dans les
autres, la définition de l'être le plus complexe pourra se
faire en quelques mots énonçant le genre et l'espèce. La
définition ne peut être complète, adéquate à l'objet, que
par le procédé abréviatif de la classification.

La définition empirique résume toute la connaissance
scientifique que nous avons d'un objet. Son rôle est donc
bien différent de celui que remplit la définition mathématique. Celle-ci est le point de départ de la science, la base
de tout raisonnement; celle-là est le point d'arrivée, la
conclusion des opérations scientifiques; l'une est un
germe contenant des conséquences à déduire; l'autre est
un fruit mûr, une gerbe cueillie par l'observation et liée à
l'aide d'inductions et de déductions laborieuses. La définition mathématique est définitive, immuable, absolue; la
définition empirique est progressive, relative, sujette à
revision par le progrès des sciences. La définition mathématique précède la classification; elle en est le principe :
ainsi les figures géométriques se classent d'après leurs
définitions; la définition empirique la suit.

La classification n'est pas spéciale aux sciences naturelles; elle s'applique à toutes les sciences, à tous les
ordres de connaissances. Une science est faite lorsque
les vérités qui la composent sont classées, c'est-à-dire
hiérarchisées, subordonnées les unes aux autres, liées de
telle sorte qu'elles s'engendrent mutuellement et fassent
corps ensemble. Le degré de perfection d'une science se

mesure à la perfection de ses classifications. La physique
est en enfance; elle n'a que des classifications artificielles.
En mathématiques, la classification est toute faite. Les
sciences inductives, pour progresser, tendent à devenir
déductives. L'idéal des sciences physiques serait de connaître les lois essentielles de la nature, de telle sorte
qu'on pût les ranger en catégories se commandant l'une
l'autre, et qu'on n'eût plus qu'à déduire et à calculer les
effets.

Analogie. — Le raisonnement par analogie joue un
rôle capital, prépondérant, dans les sciences naturelles;
on pourrait définir celles-ci : les *sciences des analogies*.
Aussi la plupart des logiciens traitent de l'analogie générale dans la méthode des sciences de la nature. C'est sous
forme d'analogie que se présente ici l'induction.

L'analogie est l'âme des classifications; c'est par elle
que se forment les groupes; elle est le premier fondement
des classifications provisoires d'êtres imparfaitement connus. La classification une fois faite, le raisonnement analogique suggère des inférences utiles, mais encore moins
rigoureuses que dans les sciences physiques. De ce qu'un
être appartient par ses caractères visibles à une certaine
famille, on peut en inférer que probablement ses caractères cachés sont aussi ceux de la famille à laquelle il
appartient; ainsi telle plante est une euphorbiacée, donc
elle est vraisemblablement vénéneuse, comme les euphor-
biacées connues. Mais l'analogie naturelle est souvent
démentie par l'expérience.

Les rapports analogiques sont tantôt *extrinsèques,* de
cause à effet, de principe à conséquence, de fin à moyen
et réciproquement; tantôt de ressemblance *intrinsèque.*
De l'analogie de cause, de principe ou de fin, on conclut
à l'identité d'effet, de conséquence ou de moyen; d'une
ressemblance particulière à une ressemblance plus générale. Tantôt d'une ressemblance entre deux organes on
infère par analogie la ressemblance des fonctions; tantôt

de la ressemblance des fonctions on infère la ressemblance des organes. L'analogie supplée l'expérimentation souvent impossible dans les sciences naturelles. Elle se passe de l'expérience, quand celle-ci ne peut se pratiquer, et elle en dépasse souvent les prémisses.

Hypothèses. — Le domaine de l'hypothèse est, dans les sciences naturelles, aussi étendu que celui de la certitude. Beaucoup de savants vont même jusqu'à assimiler à des hypothèses les lois supérieures de la nature. L'origine des choses nous est inconnue; le principe de l'évolution des êtres vivants est encore mystérieux.

La principale hypothèse qui domine les sciences naturelles biologiques est celle du transformisme. En présence de la mobilité des types, conséquence de ce système, on s'est demandé ce que valent les classifications savamment dressées. Mais cette mobilité ne saurait infirmer la valeur scientifique des catégories naturelles. Le type a une durée qu'on peut considérer comme indéfinie et qui équivaut à la permanence, relativement à la durée de l'existence humaine. Les formations et déformations continues du sol ne ruinent pas la géologie, non plus que les changements incessants qui se produisent à la surface de notre globe n'empêchent la géographie d'être une science. Dans l'hypothèse vérifiée du transformisme, le problème des sciences naturelles ne ferait que s'élever, s'agrandir. Si tous les types procèdent d'une cellule unique, la tâche de la science est de classer et de définir les premiers éléments de la vie, les espèces protoplasmiques, selon leurs virtualités propres. Il est, en effet, reconnu que les monères renferment sous une identité apparente les aptitudes les plus diverses. Le transformisme ne ferait donc que reculer, non supprimer la question de la spécification des organismes. Les forces engendrées par la vie deviendraient autant de forces vitales différentes dont la connaissance relève du problème de la vie, problème qui est du domaine de la métaphysique (*Mét.*, p. 82).

Rôle de la déduction dans les sciences naturelles. —
Les sciences naturelles usent de la déduction, comme les
sciences physiques, mais dans une mesure moins étendue
et surtout moins rigoureuse. Toutes les lois sont ici des
lois empiriques; il ne saurait y avoir de lois dérivées
proprement dites, de rapports mathématiques, de formules
précises, comme en physique et en chimie. Les lois organiques sont essentiellement complexes; leurs actions et
réactions s'enchevêtrent et se croisent sans qu'on puisse
en déterminer l'équivalence mécanique; elles se prêtent
mal à une codification précise. Leur point de départ, si
simple qu'on le suppose, la cellule, est loin d'être simple;
c'est un organisme rudimentaire qui a lui-même ses composants, ses lois, ses rapports. L'influence des milieux
ajoute encore à cette complexité de rapports. L'unité faisant défaut, la déduction ne peut s'exercer que sur des connaissances imparfaites et n'aboutit qu'à des conclusions
approximatives. Mais la certitude des lois particulières
suffit à constituer une véritable science de la nature.

C'est par la déduction qu'on détermine, suivant les
mêmes procédés qu'en physique : 1° quels caractères
se coordonnent pour former une classe; 2° quels caractères sont dominateurs; 3° quel est l'organe d'une fonction connue; réciproquement, quelle est la fonction d'un
organe connu; 4° quelles sont les lois auxquelles on peut
rattacher telle ou telle loi; 5° quelle est la valeur d'une
hypothèse.

MÉTHODE DES SCIENCES MORALES

On comprend sous la dénomination commune de *sciences morales* les sciences ayant pour objet les lois des
phénomènes humains. Par phénomènes humains, il faut
entendre les faits impliquant l'exercice de l'une des facultés de l'homme : sensibilité, volonté, intelligence, que ces
faits soient individuels ou qu'ils soient collectifs. On les

nomme souvent phénomènes moraux, d'où le nom de
sciences morales, dérivé de celui de *mœurs* qui désigne
la manière d'agir des hommes.

L'école positiviste et les déterministes surtout contestent la spécialité des sciences morales ainsi entendues, et
prétendent les ramener aux sciences naturelles, dont elles
ne seraient qu'une variété. Si, comme le veut A. Comte,
l'activité humaine est réductible aux forces physiques,
les sciences morales ne forment pas un groupe indépendant. Mais c'est là un problème étranger à la logique.
Quelque opinion qu'on admette au sujet de la liberté, la
distinction des faits mentaux et des faits physiologiques
subsistera toujours comme base d'une classification
rationnelle.

Rapports moraux. — Les lois faisant l'objet des sciences morales sont les rapports permanents qui lient les
phénomènes humains soit à un principe supérieur, soit
l'un à l'autre, de telle sorte que tel phénomène étant
posé comme antécédent, tel autre en résulte ou doive en
résulter comme conséquent. Logiquement on devrait
appeler ces lois des *lois morales,* comme on appelle lois
physiques celles qu'étudient les sciences physiques; mais
ce nom est réservé à une catégorie spéciale de lois.

Toute loi, étant un rapport, suppose deux termes distincts. Dans les sciences exactes, les rapports sont toujours entre deux termes absolus, entre idéal et idéal.
Dans les sciences physiques et naturelles, les rapports
sont entre deux termes contingents, entre un fait et un
fait, entre deux phénomènes, deux caractères naturels.
Dans les sciences morales, ces rapports sont tantôt entre
un terme idéal et un terme réel, tantôt entre deux termes
réels, également contingents. De là une ligne de démar-
cation profonde entre les sciences morales *idéales* où se
rencontre l'élément absolu, et les sciences morales *réelles*
qui ne comportent que des éléments relatifs, à savoir :
un fait humain (au moins) et un fait naturel quelconque.

Sciences morales idéales. — Les sciences morales
idéales commandent les actes humains; elles édictent des
lois impératives, des rapports de droit, des vérités nécessaires. Ce sont des sciences de principes, des sciences
normatives, surtout pratiques. Leur division se calque
sur celle des facultés de l'homme auxquelles elles s'appliquent; et cette même division correspond aux trois
aspects de l'idéal : le vrai, le bien, le beau. Les trois
sciences morales idéales sont : 1° la *Logique,* science
des rapports nécessaires entre le vrai et l'entendement
humain, science des lois de la pensée au point de vue de
la vérité; 2° la *Morale* ou *Éthique,* science des rapports
entre la volonté et le bien, code des devoirs humains
individuels ou sociaux; 3° l'*Esthétique,* science des rapports nécessaires entre la pensée et le beau.

Les sciences morales idéales sont principalement déductives, à l'exemple des mathématiques; elles ont cependant fréquemment recours à l'induction. Les faits psychiques sont à la base et forment le point de départ de tous
les raisonnements inductifs; l'induction généralise les
faits de conscience comme matière à déduction.

Sciences morales réelles. — Les sciences morales
réelles ont pour objet les lois qui lient les actes humains
soit à d'autres actes humains, soit à des phénomènes naturels. Ces sciences constatent des relations, formulent
des lois descriptives; ce sont des sciences de faits, des
sciences expérimentales, surtout théoriques. Leur objet
est la recherche des lois qui régissent la production
des phénomènes moraux en tant que faits, c'est-à-dire
des rapports qui lient l'existence de l'un à l'existence de
l'autre, indépendamment de leur moralité. Le but de cette
recherche est double : ou bien déterminer l'antécédent
inconnu d'un conséquent donné, ou bien déterminer le
conséquent d'un antécédent posé; comme serait ce double problème historique : quels ont été les causes et les
effets de la Réforme?

Légitimité des sciences morales réelles. — Une objection capitale est faite à ces sciences : est-il possible de constituer une science des faits libres? Y a-t-il des lois auxquelles obéissent nécessairement les actes humains? Peut-il exister des rapports constants, permanents, invariables entre deux termes dont l'un est un acte libre? Un tel fait échappe par sa nature même à la contrainte d'une loi. Les lois physiques et naturelles s'imposent fatalement; mais quelle prise peuvent avoir sur la volonté les lois scientifiques dont il s'agit? L'essence de la liberté est de n'obéir forcément à aucune loi, de se déterminer spontanément et de se créer à soi-même des motifs d'action indépendants des circonstances. Le propre d'un fait libre, c'est de n'être lié à aucun antécédent, d'échapper à toute règle, de tromper tous les calculs, de déjouer tous les plans, de dérouter toutes les recherches. Comment donc concilier la liberté avec les lois formulées par les sciences morales réelles? Il semble que ces sciences, qui doivent se constituer de principes certains, soient incompatibles avec la liberté.

L'objection serait irréfutable, s'il ne s'agissait ici que des volontés individuelles; jamais un cas isolé ne pourra être déterminé avec certitude. On a vu dans la logique générale que l'induction morale ne s'applique qu'aux collectivités et ne porte que sur les vérités d'ensemble. L'induction physique est universelle et régit tous les cas : il est certain qu'une barre de métal chauffée se dilatera; il n'est pas certain que tout homme recherchera son avantage et se gardera d'un mal; mais il est certain que l'ensemble, l'immense pluralité des hommes obéira à cette règle; il est improbable que telle personne se suicide, mais il est certain que plusieurs suicides se produiront dans l'année. Or, les sciences morales ne considèrent que les masses, et les actes humains pris en masse obéissent à des lois certaines et ont entre eux des rapports constants. Chaque fait individuel peut déroger à la loi commune, mais l'ensemble s'y soumet. De la multitude des

faits il se dégage un certain ordre qui n'est pas compa-
rable sans doute à l'ordre mathématique, ni même à l'ordre de la nature, mais qui révèle des lois certaines,
capables de constituer une science. Les événements qui
par leur nature paraissent les plus capricieux se présentent, quand on les prend en bloc, avec une régularité
presque mathématique. La statistique en fait foi. Les
phénomènes sociaux que celle-ci enregistre sont en proportion constante et suivent un cours régulier; donc ils
peuvent être l'objet d'une certitude morale. Or cette certitude qui s'attache à la constance des rapports généraux
entre faits humains suffit à la science. Sans doute fau-
dra-t-il toujours laisser une place à l'imprévu et faire la
part de la liberté; les dérogations aux lois morales réelles
sont toujours possibles, mais comme exceptions assez
rares pour laisser subsister la règle. Cette règle d'ailleurs doit être assez élastique pour se plier aux cir ons-
tances variées qui entrent comme facteurs dans les problèmes moraux. Les lois formulées par les sciences
morales réelles sont moins rigoureuses que les lois naturelles, celles-ci moins que les lois physiques, et ces dernières moins que les lois mathématiques. Souvent les
sciences morales se bornent à conjecturer; mais leurs
conjectures sont raisonnées, les probabilités qu'elles
infèrent sont fondées sur des principes certains. Le dé-
dain que professent quelques savants pour les « à peu
près » des sciences morales est donc mal justifié.

Loi des grands nombres. — Une loi domine toute la
matière : celle des *grands nombres*. Si l'on additionne un
grand nombre de phénomènes humains en partie variables, les variétés s'annuleront les unes les autres, et la
partie régulière apparaîtra seule dans le total. C'est cette
partie régulière que la loi des grands nombres détermine et rend manifeste. Toute action humaine, dit Stuart
Mill, est le résultat de deux groupes de causes com-
binées : 1° les circonstances générales, les influences

ambiantes ; 2° les influences spéciales à l'individu. En prenant tous les cas qui se produisent, sur une échelle assez vaste pour épuiser toutes les combinaisons possibles d'influences, le résultat collectif approchera d'une quantité constante dont la loi se dégagera d'elle-même. Autrement dit, dans tout acte humain il y a deux éléments, deux parts : la part de la liberté individuelle qui est la partie variable, et la partie invariable, quoique libre, qui est la loi. La liberté n'est nullement incompatible avec cette loi : loin de la supprimer, elle la produit, elle en est la cause; le *grand nombre* est précisément un effet de la liberté. Soit, par exemple, le trafic d'une ligne de chemin de fer. Ce trafic est variable d'un jour à l'autre ; mais, en additionnant les produits journaliers pendant un mois, et en supprimant un égal nombre des plus forts et des plus faibles, qui se compensent, on obtient des résultats sensiblement égaux à la moyenne mensuelle. Les grands nombres absorbent les petits et les font disparaître.

Divisions des sciences morales réelles. — Les faits qui sont l'objet de ces sciences peuvent se considérer à deux points de vue : 1° au point de vue *théorique* de leur réalité existentielle, en tant qu'événements actuels ou passés; 2° au point de vue *pratique* de leurs causes et de leurs effets. De là deux ordres de sciences réelles, ou deux parties distinctes dans la même science, car les deux aspects se mêlent intimement dans toute science morale. On peut classer les sciences morales réelles en sciences théoriques et pratiques, suivant que la théorie ou la pratique y domine. Les sciences théoriques constatent un état de chose, une situation de fait; les sciences pratiques constatent une virtualité permanente. Ex. : Les croisades ont été utiles à la civilisation (théorie historique); la mauvaise monnaie chasse la bonne (thèse pratique d'économie).

Sciences morales théoriques. — 1° La *Psychologie,* science des faits intimes connus par la conscience; avec ses accessoires : *anthropologie* et *psychologie comparée;*

2° L'*Histoire,* science du passé humain; l'histoire se divise en plusieurs branches : politique, littéraire, religieuse, économique, philosophique, etc.

3° La *Géographie,* histoire et statistique des continents et des mers. Cette science rentre dans le cadre des sciences morales, à raison de l'influence que la configuration du sol a pu avoir sur la marche de la civilisation, et, réciproquement, des modifications que l'activité humaine a apportées dans la géographie ancienne (canaux, changements de climats, courants commerciaux, etc.). Ainsi, non seulement la géographie politique est une science morale, mais la géographie physique mérite ce nom. La géologie, au contraire, est une science naturelle.

4° La *Linguistique,* science des langues étudiées comme des organismes vivants; analyse des éléments; affinités, évolution permanente; lois suivant lesquelles s'associent les premiers matériaux du langage.

5° *Science des religions,* de leur passé, de leur évolution, de leur influence; comparaison des dogmes, des préceptes, des rites. La *Théologie,* ou science de la révélation, fut longtemps la science maîtresse de toutes; la philosophie n'était que son humble servante. Aujourd'hui, la théologie n'a plus pour les profanes qu'un intérêt historique. Elle est essentiellement déductive.

6° La *Statistique,* science du dénombrement et de la classification des faits accomplis dans une certaine période; les résultats de ces dénombrements s'expriment soit par des tableaux de chiffres, soit par divers procédés graphiques.

Sciences morales pratiques. — Ces sciences sont appelées aussi *sciences sociales,* parce qu'elles régissent les actes des hommes considérés dans leurs relations avec les autres hommes. Elles comprennent : 1° la *Poli-*

tique, ou science du gouvernement des nations; 2° l'*Economie politique,* science de la richesse ou des intérêts matériels; 3° le *Droit,* science des lois positives réglant les rapports des hommes entre eux ou des nations entre elles : droit civil, commercial, pénal, international, public ou privé.

À l'exception de la Psychologie, essentiellement descriptive et analytique, et dont toute la méthode se résume dans l'introspection; à l'exception aussi du Droit, essentiellement déductif, toutes les sciences morales ont une méthode commune qui va être étudiée spécialement pour les sciences sociales, les plus complexes et les plus importantes de toutes.

MÉTHODE DES SCIENCES SOCIALES

La Sociologie est la science des lois qui régissent les actes collectifs des hommes en tant que fédérés, c'est-à-dire membres de groupes organisés. Quoique classée parmi les sciences morales réelles, la Sociologie comporte un idéal, elle formule des lois impératives, pratiques, régulatrices. Mais, à la différence de la Morale, de la Logique et de l'Esthétique, dont les lois sont absolues et universelles, la Sociologie n'édicte que des lois relatives, variables, temporaires. Il n'y a et ne peut y avoir qu'une Morale, une Logique, une Esthétique, toujours les mêmes; mais il y a plusieurs Politiques, plusieurs Économies, plusieurs Droits. Cette différence essentielle assigne à la Sociologie une place et un rôle à part des sciences idéales, quoiqu'elle soit elle-même à la fois idéale et réelle, pratique et théorique.

L'objet de la Sociologie est double : 1° recherche des lois que *doivent* suivre les peuples en vue de leurs intérêts; 2° recherche des lois qui président *en fait* à l'évolution sociale.

Envisagée au premier point de vue, celui de l'idéal, la

Sociologie fait une plus large place à la déduction, mais elle n'en demeure pas moins une science de faits, une science expérimentale, par conséquent essentiellement inductive. C'est ce qu'il importe d'établir. Aucune erreur ne serait plus grave, plus dangereuse, que de concevoir les lois dont il s'agit comme des vérités déductibles *a priori* de vérités générales, de principes absolus. Une telle méthode altérerait profondément la nature de cette science et aboutirait aux conséquences les plus fausses, les plus funestes. Ainsi, en politique, les conceptions toutes faites ; en histoire, l'esprit de système qui violente les faits, reçoivent trop souvent de la réalité et de l'expérience les plus cruels démentis.

Faits sociaux. — Le point de départ de la Sociologie est l'investigation des faits sociaux. Le physicien, le naturaliste, ont toujours des faits à leur disposition ; au besoin ils provoquent des phénomènes, créent de nouveaux faits. Dans le domaine des sciences morales, au contraire, les faits n'appartiennent pas à l'observateur et ne se produisent pas à son gré. Il faut les observer là où ils sont marqués, c'est-à-dire dans la conscience et la mémoire d'autrui, dans le témoignage d'autres hommes. Souvent ces faits n'ont occupé qu'un moment unique dans le temps, et n'ont eu pour théâtre qu'un seul lieu ; ils ne se renouvellent pas. Le savant doit aller les chercher dans les relations discutables, contradictoires, des témoins. Et cependant il est nécessaire de les connaître avec précision, de les reconstituer intégralement, sous peine d'erreur ; d'où la nécessité de recourir à la critique testimoniale, à la critique historique, qui est une variété de la première. Cette double méthode sera étudiée à part, à cause de son extrême importance et de son application universelle à tous les ordres de connaissances.

Lois sociales. — Comme le naturaliste et le physicien, le sociologue observe les faits soit directement, soit

indirectement, et épuise toutes les sources d'information;
il expérimente, chaque fois qu'une cause nouvelle, extraordinaire, apparaît chez un peuple, telle qu'une guerre,
une épidémie, une crise politique, économique ou religieuse, une invention importante. Les matériaux ainsi
rassemblés, il cherche, à l'aide des méthodes déjà dé-
crites, quels sont les rapports permanents, immuables,
universels, entre les faits sociaux, qui pourront s'ériger
en *lois sociales*. Les phénomènes sociaux sont extrême-
ment complexes et réfractaires à une analyse rigoureuse;
leurs causes sont variées; les causes normales sont souvent impossibles à distinguer des causes particulières,
accidentelles. Comment leur appliquer les méthodes de
différence, de concordance, de variation concomitante
qui sont l'âme des sciences physiques et naturelles?

Outre la multitude et la complexité des causes qui
concourent à la production d'un phénomène social, il
faut tenir compte de la réaction constante de ces phénomènes les uns sur les autres. Un état social est l'existence
simultanée d'une foule de faits qui sont réciproquement
facteurs et produits : degré de civilisation, d'instruction,
de moralité des classes; état de l'industrie, de la richesse,
des croyances, du goût; forme du gouvernement, lois, cou-
tumes, traditions historiques, etc. On voit combien est
compliqué le jeu des causes, et combien il est difficile de
déterminer avec précision l'influence de chacune d'elles.
Cependant cette difficulté n'est pas insurmontable.

En dépit de la première apparence, il n'est pas douteux
que les phénomènes sociaux ne soient, à l'exemple des
phénomènes physiques, soumis à des lois de coexistence
et de succession. Les sociétés, comme tout organisme,
vivent par l'accomplissement de certaines fonctions qui
supposent des organes propres à les remplir. Ces organes doivent avoir entre eux des rapports nécessaires de
coexistence ou d'incompatibilité, en vertu desquels ils
s'appellent ou s'excluent, par un principe analogue à
celui que Cuvier a formulé pour les types d'animaux ou

de plantes, le principe des *conditions d'existence,* principe
applicable aux types sociaux comme aux types naturels.
Le principe des *connexions,* dû à Geoffroy Saint-Hilaire,
qui témoigne de la constance du type une fois formé,
trouve également sa vérification dans l'organisme social.
La résistance aux transformations, la persistance des
organes devenus inutiles ou nuisibles, le conservatisme
routinier, manifestent cette tendance du type social à se
maintenir. Tout état social peut être considéré comme un
état d'équilibre plus ou moins durable entre deux forces
opposées : la force *conservatrice* et la force *révolutionnaire.*

Les lois sociales sont de deux sortes : 1° *lois de coexistence* entre les différents organes sociaux : histoire naturelle du corps social; 2° *lois de succession* des phénomènes sociaux, sorte de physique sociale. Auguste Comte a
donné aux premières le nom de *statique sociale,* aux secondes celui de *dynamique sociale.*

Il est bien entendu que les lois sociales sont des géné-
ralisations empiriques, toujours plus ou moins sujettes
à caution et à revision. Cependant ces lois deviendraient
des lois dérivées et acquerraient un plus haut degré de
probabilité, voisin de la certitude, si l'on parvenait à les
déduire des lois de la nature humaine, à titre de conséquences. Tel est le progrès réalisé de nos jours par
G. Tarde. Les lois primordiales se résument en trois :
1° *loi de répétition* imitative du monde social, analogue à
la répétition ondulatoire et gravitatoire du monde physique, à la répétition héréditaire du monde vivant; 2° *loi
d'opposition* ou de contradiction entre deux désirs, deux
croyances, analogue à la loi de Darwin : ce sont la con-
currence vitale et la sélection transportées sur le terrain
social; 3° *loi d'adaptation* sociale élémentaire : rapports
de coopération productive, variations individuelles, aptitudes et harmonies, corrélations de croissance, loi analogue à la loi de Cuvier. « Ce sont là, dit l'ingénieux
sociologue, les trois clefs différentes dont la science fait
usage pour ouvrir les arcanes de l'univers. »

Déduction et induction. — Deux écoles opposées prétendent imposer à la sociologie, l'une la méthode déductive, l'autre la méthode inductive.

L'*école philosophique,* idéaliste ou classique, celle des
doctrinaires, invoque des principes supérieurs, des lois
primitives psychiques, physiologiques, physiques, d'où
dériveraient toutes les lois secondaires ; sortes de prémisses, de théories, de systèmes inflexibles. Ainsi, dans
l'ordre économique, les lois primordiales seraient, par
exemple : la *loi du moindre effort,* d'où la recherche constante de l'avantage propre, l'intérêt érigé en moteur universel des actes humains ; la *loi des revenus décroissants :*
étendue et fécondité limitées du sol; la *loi de la popula-
tion :* tendance à multiplier supérieure aux moyens de
subsistance (loi de Malthus), etc. — Il y a du vrai dans
cette théorie. Les partisans de la méthode inductive doivent reconnaître que les lois économiques ressemblent à
des hypothèses et expriment seulement la *tendance* de
certaines causes à produire certains effets. Etant données
certaines *causes perturbatrices,* les variations des lois
empiriques et la complexité extrême des phénomènes
sociaux, le problème est de mesurer exactement l'importance spécifique des *causes concourantes;* or, tel est bien
le rôle de la déduction.

L'*école historique,* opposée à la précédente, attribue à
l'histoire un rôle prépondérant en sociologie. Ses adeptes
confondent à tort les vérités de la science avec les règles
de l'art, et méconnaissent les principes incontestables
d'où l'on peut tirer des déductions légitimes, par exemple : la constance des qualités psychiques des individus
et des corps sociaux. Quelque irréguliers que soient les
phénomènes de cet ordre, on ne saurait nier que les *régu-
larités empiriques* confirment les déductions antérieures
et autorisent des inductions ultérieures. Enfin, l'école
historique commet une contradiction manifeste, quand
elle pose en principe la relativité essentielle des institu-
tions politiques et économiques, tout en prétendant tirer

exclusivement du passé des cri'ères applicables au présent.

Formules mathématiques. — Il a été fait dans les sciences sociales d'ingénieuses tentatives pour appliquer à la sociologie des formules mathématiques. Cournot s'est servi du calcul intégral dans ses principes de la théorie des richesses. Les procédés arithmétiques, les figures géométriques, sont d'un emploi fréquent dans les raisonnements économiques, dans les questions de mesure d'intensité, de fréquence, dans celles de maxima et de minima, de proportions, de limites, etc. L'analyse mathématique n'a pas seulement pour objet de calculer des quantités, mais aussi de trouver des relations entre les grandeurs qui peuvent s'évaluer numériquement, entre les fonctions dont la loi peut s'exprimer en symboles algébriques. Les mathématiques deviennent alors un précieux instrument d'investigation; elles fournissent un langage précis, clair, élégant, et un excellent moyen de démonstration. Mais il ne faut pas leur demander plus qu'elles ne peuvent donner, c'est-à-dire des prémisses de raisonnement et les matériaux mêmes de la science sociologique. Dans les limites de leur véritable champ d'application, l'usage des symboles mathématiques et graphiques a l'avantage de substituer des formules brèves aux exemples prolixes; il permet de découvrir d'un coup d'œil l'enchaînement d'une série d'arguments; il oblige à formuler les prémisses avec précision et concision; il rend saillante la continuité ou la variabilité des données d'un problème.

Hypothèse. — L'hypothèse est d'un grand secours en sociologie, précisément pour suppléer au défaut d'expérimentation et à l'extrême complexité des faits. Elle joue ici un rôle essentiellement suggestif, en éveillant dans l'esprit des explications qui n'ont d'abord qu'une valeur provisoire, mais qui deviennent des lois si l'on parvient

à les vérifier. La difficulté n'est pas, comme dans les
autres sciences, de trouver des hypothèses : elles se présentent en foule; c'est leur vérification qui est difficile.
Le sociologue a en face de lui une véritable énigme; il
procède comme les chercheurs de rébus ou de mots chif-
frés. Pour deviner le sens d'une cryptographie, on imagine un sens quelconque, puis on vérifie s'il s'accorde
avec les chiffres ou signes. Si le sens imaginé ne concorde pas, c'est une hypothèse à rejeter; on en invente
un autre, jusqu'à ce qu'on ait, de tâtonnement en tâtonnement, rencontré le vrai, celui qui s'accorde en tous
points avec les données du problème.

« L'art de conjecturer, dit d'Alembert, est aussi essentiel que l'art de démontrer; l'esprit de conjecture est
plus admirable quelquefois que l'esprit même de découverte, par la sagacité qu'il suppose dans celui qui en est
pourvu, par l'adresse avec laquelle il fait entrevoir ce
qu'on ne peut parfaitement connaître. Mais plus l'art
conjectural est imparfait de sa nature, plus on a besoin
de règles pour s'y conduire. »

Importance de la sociologie. — Les sociologues pla-
cent leur science au sommet des sciences positives. Cette
prétention se justifie dans une certaine mesure par l'importance des résultats qu'on peut espérer de la sociologie. Quand la connaissance des lois sociales aura obtenu
plus de rigueur et de précision, elle sera d'une grande
ressource pour la civilisation. Mais on ne saurait se dis-
simuler que cette science née d'hier est encore en enfance,
et, d'autre part, que ses progrès rencontrent des obsta-
cles dont il ne sera possible de triompher que dans un
avenir lointain; le champ d'observation est encore trop
limité, il présente trop de lacunes, trop de multiplicité,
trop de variété, trop de complexité dans les faits, pour
fournir à l'induction une base assurée. Quoi qu'il en soit,
la science sociale ne saurait remplacer l'art politique
dans la conduite des affaires humaines; le tact, la pru-

dence, l'habileté des gouvernants et des législateurs y
sont indispensables. Il en est de même en médecine et
dans toutes sciences qui touchent à la nature humaine,
toujours réfractaire aux théories inflexibles. Science et
art sont ici solidaires et doivent marcher ensemble, indissolublement unis.

MÉTHODE DE CRITIQUE TESTIMONIALE

Le *témoignage* est *l'affirmation d'un fait dont on a été
spectateur.* On n'est spectateur ou *témoin* que du fait auquel on a été présent, c'est-à-dire du fait qu'on a constaté
par ses propres sens.

La critique du témoignage humain consiste à déterminer les conditions dans lesquelles le récit d'un témoin
fera preuve d'un fait, c'est-à-dire produira la certitude
morale de la réalité de ce fait. C'est un cas d'induction
morale auquel s'appliquent les règles générales et spéciales de l'induction. L'autorité du témoignage ne dérive
ni d'un prétendu instinct de véracité chez le témoin et
de crédulité chez celui qui reçoit le témoignage, comme
le veut Reid, ni d'un certain principe de transcendance
qui nous porterait à amplifier les motifs de certitude et à
en dépasser la valeur. Un témoignage est un fait humain.
Quelle est la cause de ce fait? La recherche de la cause
s'opère ici comme à l'égard d'un phénomène physique,
par la méthode des exclusions. Trois causes seulement
peuvent être assignées à un témoignage : 1° la réalité de
l'événement attesté ; 2° l'erreur du témoin ; 3° la fraude
du témoin. Si l'on parvient à éliminer les deux dernières
hypothèses, on sera conduit logiquement à admettre la
première et à tenir le témoignage pour vrai, c'est-à-dire
l'événement comme réel, en vertu du principe de raison
suffisante.

Tout témoignage se compose de deux éléments : un
fait attesté, un *témoin* qui l'atteste. La critique doit
s'exercer sur chacun de ces éléments.

Critique du fait attesté. — Le fait attesté doit être *possible*. Il y a deux sortes de possibilités : la possibilité *intrinsèque* et la possibilité *extrinsèque*.

1° La possibilité *intrinsèque* est métaphysique, physique ou morale. Un fait est possible métaphysiquement, s'il n'implique pas de contradiction essentielle (*Mét.*, p. 60). Un témoignage contraire à une impossibilité métaphysique devrait être rejeté *a priori*; ainsi l'évocation d'une âme ou la quadrature du cercle.

Un fait est physiquement possible, s'il est conforme aux lois physiques; impossible, s'il leur est contraire. Ainsi le témoignage qui affirmerait qu'une marée a fait défaut ne mériterait aucune créance.

Un fait est moralement possible, s'il ne contredit pas les lois qui régissent la généralité des actes humains. Ainsi, il est moralement impossible que tous les habitants d'une ville se suicident en même temps. L'impossibilité morale a reçu de l'usage un sens plus étendu. On l'applique aux faits qui dérogent à l'ordre habituel, au cours ordinaire des choses, sans cependant violer aucune loi métaphysique ou physique. Par exemple, il est impossible moralement qu'au tirage d'une loterie les mêmes séries et les mêmes numéros se représentent constamment. Les faits de nature fortuite ne peuvent pas moralement devenir réguliers. C'est par analogie avec les lois d'ordre moral que ce terme a été employé pour qualifier les anomalies qui ne violent aucune loi formelle, mais qui sont en contradiction avec l'expérience constante.

2° La possibilité *extrinsèque,* outre la possibilité causale (*Mét.*, p. 60), est l'accord du fait attesté avec les autres faits certains. Quand deux faits sont contradictoires, c'est-à-dire incompatibles, exclusifs l'un de l'autre, il y en a certainement un qui n'est pas réel ; si l'un est prouvé d'avance, l'autre doit être rejeté sans discussion. Mais cette incompatibilité est elle-même matière à examen.

La vraisemblance d'un fait ne doit pas se confondre avec sa possibilité, le vrai pouvant parfois n'être pas

vraisemblable. La vraisemblance d'un fait est le degré
de probabilité de son existence. Un fait est d'autant plus
vraisemblable qu'il est plus ordinaire, et d'autant moins
qu'il est plus extraordinaire. L'invraisemblance n'est
pas une qualité du fait; elle n'est pas objective, mais
toute subjective, et par suite essentiellement relative.
Ainsi les phénomènes d'électricité, devenus usuels à
notre époque, auraient paru invraisemblables aux siècles
derniers.

Si le fait impossible doit être nié *a priori,* il n'en est
pas de même du fait invraisemblable. Mais l'invraisemblance du fait attesté empêche qu'il soit rendu certain
par le témoignage. En effet, la certitude n'admet pas de
degrés; c'est une unité indivisible : elle est ou elle n'est
pas. Or le fait extraordinaire, quelque attesté qu'il soit,
demeurera toujours douteux et ne sera admis qu'avec
hésitation, avec réserve. Le doute qu'inspire, malgré tout,
son invraisemblance, provient d'une seconde induction
s'exerçant à l'opposé de celle qui sert de base à l'autorité
du témoignage. Entre l'induction relative à la véracité
humaine et l'induction qui affirme la constance des lois
naturelles, il y a conflit; le fait extraordinaire, exorbitant,
contrarie l'induction physique de celui qui n'a jamais
vu de tels faits. L'induction morale d'où naît la foi au
témoignage se trouve balancée par une induction antérieure qui nous rend sceptiques à l'égard des faits anormaux. L'opposition de ces deux inductions n'empêche
pas l'esprit de se prononcer pour la plus forte. Mais si l'autorité des témoignages l'emporte sur l'invraisemblance
du fait, la croyance n'en est pas moins affaiblie, c'est-à-
dire entamée. Donc logiquement il ne peut y avoir de
certitude. L'invraisemblance d'un fait porte une atteinte
irrémédiable aux motifs tirés de la valeur des témoins.
Au fond, interrogeons notre conscience : les faits les
mieux attestés, s'ils sont anormaux, nous laissent toujours secrètement inquiets.

Critique du témoin. — Deux cas peuvent se présenter : le témoin est unique ou multiple.

1° Le *témoignage individuel* ne peut logiquement produire qu'une probabilité plus ou moins grande, jamais une certitude véritable ; car il faut toujours chez l'individu faire la part de l'illusion ou de la fraude possibles. De là l'ancien adage : *Testis unus, testis nullus,* qu'on ne doit cependant pas prendre à la rigueur, car il aboutirait à exclure la plupart des témoignages. En pratique, on se contente souvent d'un témoignage unique, isolé, et l'on base sur lui les plus graves décisions.

2° Le *témoignage collectif,* c'est-à-dire émanant d'une pluralité, d'un groupe important d'individus, peut produire la certitude. En effet, dans le cas du témoignage individuel, il s'agit de faire la preuve d'un fait négatif, c'est-à-dire d'établir l'absence de toute cause pouvant vicier le témoignage. Or, la preuve d'un fait négatif est toujours difficile, souvent impossible. Mais ici l'autorité du témoignage collectif se fonde sur un fait positif : l'accord des témoins. Cet accord a nécessairement une cause. Si leur nombre est tel qu'aucun concert frauduleux n'ait pu avoir lieu entre eux et qu'aucune erreur commune n'ait pu les égarer tous à la fois, la cause de leur accord résidera dans la réalité du fait. Le témoignage collectif offre donc, au moins en apparence, de plus grandes garanties que le témoignage individuel. Et cependant cette apparence est souvent trompeuse. Il y a des erreurs, des illusions qui se produisent plus facilement dans les foules. Les penseurs qui ont étudié la psychologie des masses ont observé qu'il s'y forme des courants, qu'il s'y développe des enthousiasmes, des entraînements aveugles et irrésistibles. Trois ou quatre cents personnages sensés peuvent former une assemblée démente. Le fait n'est pas sans exemple.

Certaines conditions sont requises pour que le témoignage fasse preuve :

1° Les témoins doivent être vraiment *plusieurs* ayant

constaté séparément le fait qu'ils rapportent. S'ils ne font
que se répéter mutuellement, on retombe dans le témoignage unique.

2° Les témoins doivent être *indépendants,* de telle sorte
qu'aucune entente, aucun concert, aucune imitation, aucun
entraînement n'aient pu se produire entre eux.

3° Ils doivent être *compétents,* c'est-à-dire capables de
bien voir, de bien comprendre ce qu'ils ont vu ou entendu
et ce qu'ils attestent.

4° Ils doivent être *désintéressés* dans le récit qu'ils font,
n'obéir à aucune idée préconçue et être exempts de toute
passion.

MÉTHODE HISTORIQUE

L'*Histoire* est une science à la fois théorique et pratique, ayant un double objet : 1° la recherche de la réalité
des faits passés; 2° l'étude des causes et des effets des
événements qu'elle relate. A ces deux points de vue,
l'histoire est une science.

L'histoire proprement dite, c'est-à-dire purement nar-
rative, est par elle-même une science. Les faits qu'elle
constate ne sont pas seulement des vérités particulières,
mais des vérités uniques, singulières, assimilables à des
vérités générales à cause de leur portée, de leur extension à d'autres vérités. Par exemple, la biographie de
Richelieu est une œuvre de science au même titre que
la monographie d'un pôle terrestre. L'histoire est soli-
daire de toutes les sciences; elle part de principes communs à la connaissance de tous les faits passés : les lois
du témoignage humain, dont elle est une espèce, et les
rapports nécessaires des faits soit avec les autres faits
connus, soit avec les données des autres sciences; elle
déduit les unes des autres les vérités qui forment sa
trame. Toutes les sciences sont ses tributaires, toutes lui
fournissent des bases de raisonnements, aussi bien les
sciences exactes que les sciences physiques, naturelles

et morales; toutes sont les facteurs de l'histoire, depuis
la psychologie, jusqu'à l'astronomie ᵤᵢ i sert à vérifier les
dates. Réciproquement, l'histoire entre comme facteur
dans toutes les sciences morales réelles. Sans elle, la
sociologie ne serait qu'une vaine construction, un ensemble de théories sans base solide.

Le passé est par lui-même un objet de science, car on
ne peut parvenir à sa connaissance exacte que par le raisonnement et à l'aide des méthodes scientifiques les plus
rigoureuses. En physique, l'observation suffit pour atteindre à la connaissance des faits; aussi cette simple connaissance des phénomènes serait incapable de constituer
la science physique, si ceux-ci n'étaient coordonnés entre
eux et subordonnés à des lois. Mais les faits passés échappent à l'observation; leur recherche comporte l'emploi
de procédés scientifiques et l'application de principes
généraux qui élèvent l'histoire à la hauteur d'une science.
Qui pourrait contester, par exemple, que l'auteur de l'Histoire d'Israël, en reconstituant un passé lointain dont la
réalité est si difficile à dégager de la légende, n'ait pas
fait une œuvre scientifique au même titre que Cuvier
restaurant les types d'animaux disparus, à l'aide de déductions et d'analogies empruntées aux sciences de la
nature?

Mais l'histoire proprement dite ne se borne pas à cons-
tater les faits dans leur nudité, elle recherche leurs causes, leurs antécédents, leurs effets, leur enchaînement,
abstraction faite de toute application pratique. Dans l'histoire digne de ce nom, les faits se lient, se continuent,
se propagent et s'expliquent les uns par les autres. Or,
la recherche des causes et des effets, des genèses quelconques, est le propre de la science. Les uniformités de
coexistence ou de succession que l'histoire découvre entre
les divers états sociaux passés ou présents sont analogues à celles qui font l'objet des sciences de la nature.

Critique historique. — L'historien ne se propose pas,

comme le physicien ou le naturaliste, de formuler des
lois; il applique, au contraire, certaines lois logiques qui
sont les *règles de l'histoire,* qui régissent l'histoire en
tant que science et commandent non les faits, mais l'historien. Ces règles constituent la *critique historique,* cas
particulier de la critique testimoniale. Les témoins, en
histoire, sont eux-mêmes passés comme les faits qu'ils
relatent; il ne reste plus d'eux que des *traditions,* des
monuments ou des *écrits.* C'est sur ces documents que
s'exerce la critique.

Traditions. — La *tradition* est le récit transmis ora-
lement d'homme à homme, de génération en génération.
De toutes les sources de l'histoire c'est la moins sûre,
celle qui donne la moins grande probabilité. Elle est
incapable de procurer une vraie certitude. En effet : 1° on
ignore toujours son origine; par conséquent on ne peut
apprécier la valeur des témoins primitifs; 2° n'étant pas
arrêtée dans sa teneur, elle se charge progressivement
d'éléments étrangers, à mesure qu'elle passe de bouche
en bouche : *fama crescit eundo;* 3° elle est insaisissable,
car elle varie selon les temps, les lieux et les personnes
qui la rapportent; on ne peut donc la connaître exactement.

La critique des traditions est la tâche la plus délicate
de l'historien. Celui-ci est dans l'obligation de démêler
le fond de vérité que peut contenir la légende, la fable,
altération elle-même d'une vérité hypothétique. Aucune
analyse n'est capable de discerner sûrement dans une tradition ce qui est pure imagination des peuples en enfance,
ou souvenirs vrais altérés au cours des âges et défigurés
par le temps. Aussi la tradition n'a-t-elle de valeur que
comme indice plus ou moins vague de la civilisation, des
mœurs et des croyances anciennes. En général, une tradition est d'autant plus suspecte qu'elle remontait déjà à
une antiquité plus reculée lorsqu'elle fut pour la première fois fixée par écrit.

Monuments. — On donne ce nom aux édifices, tombeaux, statues, stèles, meubles, médailles et monnaies des siècles passés. In dépendamment des inscriptions qui y sont attachées, les monuments sont des témoignages; ils racontent des faits et expriment la pensée collective du temps où ils ont pris naissance, car ils sont généralement l'œuvre de plusieurs. L'historien doit contrôler : 1° leur authenticité, c'est-à-dire examiner s'ils sont bien de l'époque dont ils portent la date; 2° leur sincérité, car il n'est pas sans exemple que la politique ou quelque autre intérêt y ait introduit certains mensonges. La tâche la plus ardue de l'histoire est souvent d'interpréter sûrement leur langage muet.

Écrits. — Les documents écrits sont la source la plus abondante et la plus importante de l'histoire. Les écrits comprennent les annales, les chartes, les mémoires, les procès-verbaux, les lettres, les journaux, les affiches, toutes pièces publiques ou privées, livres ou inscriptions quelconques. La critique de l'écrit comprend celle de l'ouvrage lui-même et celle de l'auteur.

A l'égard de l'écrit, il y a lieu d'examiner son *authenticité* et son *intégrité*. L'écrit est-il bien de l'auteur auquel on l'attribue? Question toujours difficile à résoudre. Les faux écrits ont abondé de tout temps, et surtout dans l'antiquité, où les *apocryphes* étaient courants. Les écrits authentiques se reconnaissent à leurs caractères intrinsèques : style, manières, opinions et énonciations de l'auteur présumé, allusions aux faits et aux personnages contemporains; et à leurs caractères extrinsèques : concordance avec les autres écrits du même auteur ou du même temps; citations, allusions des contemporains. Un ouvrage qui se présente isolément, sans faire corps avec d'autres écrits de la même période, doit être tenu pour suspect.

La question de l'intégrité d'un écrit est non moins importante et non moins délicate. Les livres antérieurs à

l'imprimerie sont tous d'une intégrité douteuse, à l'exception peut-être des œuvres littéraires, où l'interpolation
est difficile et sans intérêt. Les anciens, qui ne possé-
daient que des manuscrits, ne se faisaient aucun scrupule
d'ajouter à leur exemplaire ce qu'ils trouvaient dans les
autres, pour le rendre complet; les copies devenaient,
par la force des choses, de plus en plus infidèles.

La critique d'un auteur, vrai ou présumé, revient à la
critique d'un témoignage ordinaire. On doit rechercher :
1° si l'auteur a été lui-même témoin des faits qu'il rapporte, ou s'il se borne à relater les dires d'autrui, à enre-
gistrer des traditions; 2° le caractère de l'auteur, son
intelligence, sa bonne foi, la valeur de ses informations.

On voit, par les exigences de la critique historique,
combien rares seront les textes jouissant d'une entière
autorité, surtout parmi ceux qui remontent à une haute
antiquité, et combien sont fragiles les arguments, les
thèses reposant sur un texte ancien. Il n'y a de vraiment
certain en histoire qu'un grand fait considéré dans ses
traits généraux; dès qu'on passe des lignes maîtresses
aux détails, on entre dans le domaine des conjectures.
Chaque jour nous voyons les faits qu'on croyait les plus
avérés se modifier, changer de physionomie et de portée,
à la suite d'études nouvelles ou de découvertes imprévues.

Philosophie de l'histoire. — La philosophie de l'histoire est la synthèse des lois historiques, le résumé des
causes et des effets constatés par l'histoire, une sorte de
moralité générale qui se dégage des événements et contient les préceptes auxquels doivent obéir les gouvernants et les gouvernés, en vue du bien public et du progrès. Ce n'est pas une science distincte ; d'une part, elle
tient à l'histoire, dont elle est la conclusion, le couronnement; d'autre part, elle est le principe, la base de la
science sociale, avec laquelle on la confond ordinairement.

Il y a deux conceptions de l'histoire, diamétralement
opposées l'une à l'autre, comme il y a deux plans diffé-

rents de philosophie (*Mét.*, p. 8) : l'histoire *synthétique* et l'histoire *analytique.*

Les théologiens, qui ont été les premiers sociologues, dit Tarde, conçoivent le réseau de toutes les histoires des peuples de la terre comme convergeant, depuis les débuts de l'humanité, vers l'avènement de leur culte. Lisez Bossuet. A. Comte a magistralement transposé la pensée de Bossuet : pour lui, toute l'histoire de l'humanité converge vers l'ère et le règne de son positivisme, sorte de néo-catholicisme laïque. Dans ces systèmes, l'histoire humaine se déroule sous l'aspect d'une seule et même évolution, drame unique où tout s'enchaîne, où tout se précipite irrésistiblement vers le dénouement final.

La science a renversé, retourné ce point de vue. Ce n'est plus à une représentation unique que nous fait assister l'histoire, mais à un nombre immense de drames sociaux indépendants. Ce serait une illusion puérile de chercher la règle des faits sociaux dans des lois générales d'où le principe de coordination descendrait par degrés jusque dans le détail des faits particuliers. Est-il vrai de dire que l'homme s'agite et qu'une loi supérieure le mène? L'évolution de la science, en n'importe quel ordre de réalités, consiste à passer du superficiel au profond, de l'extérieur à l'intérieur des choses. Observons la nature vivante. A mesure qu'on s'éloigne du point de départ de l'organisme qui est l'ovule, source des harmonies vivantes, la finalité devient de moins en moins visible et tend à disparaître (*Mét.*, p. 115). Plus le champ de l'observation s'étend, s'élargit, moins l'harmonie est sensible. On est donc fondé à en conclure qu'il n'y a pas une fin dans la nature, une fin universelle par rapport à laquelle toutes choses soient des moyens. On rencontre une multitude de fins qui cherchent à s'utiliser les unes les autres et ne travaillent que pour elles-mêmes. Chaque organisme, et dans chaque organisme chaque cellule, chaque élément cellulaire, a sa petite providence à soi et en soi. La force harmonisante nous apparaît, non plus

mmense et unique, mais infinitésimale et infiniment multipliée, interne et identique à chaque activité individuelle.
La sociologie est donc fondée, comme la métaphysique, à
chercher la raison d'être des choses dans les choses elles-
mêmes, et non en dehors et au-dessus d'elles. C'est à bon
droit que la finalité intrinsèque et immanente des unités
substantielles a détrôné le concept d'une finalité trans-
cendante extérieure, antérieure et supérieure aux choses.
L'ignorance imagine une immense harmonie d'ensemble
dans l'univers; la science y substitue peu à peu d'innombrables harmonies intérieures, c'est-à-dire un nombre
indéfini d'adaptations infinitésimales et fécondes. Après
le rêve d'une adaptation universelle, unique, de la création
à l'homme, l'illusion géocentrique et anthropocentrique
a fait place à une conception plus rationnelle des choses.
L'absurde, la chimérique finalité universelle, s'est brisée
et morcelée en une multitude de finalités individuelles et
concurrentes. Ce n'est plus l'infiniment grand que doit
interroger le penseur, c'est l'infiniment petit. Le philo-
sophe abandonne, en histoire comme en cosmologie, les
synthèses ambitieuses et risquées d'autrefois pour l'analyse minutieuse qui descend au fond des réalités.

SOCIÉTÉ ANONYME D'IMPRIMERIE DE VILLEFRANCHE-DE-ROUERGUE
Jules Bardoux, Directeur.

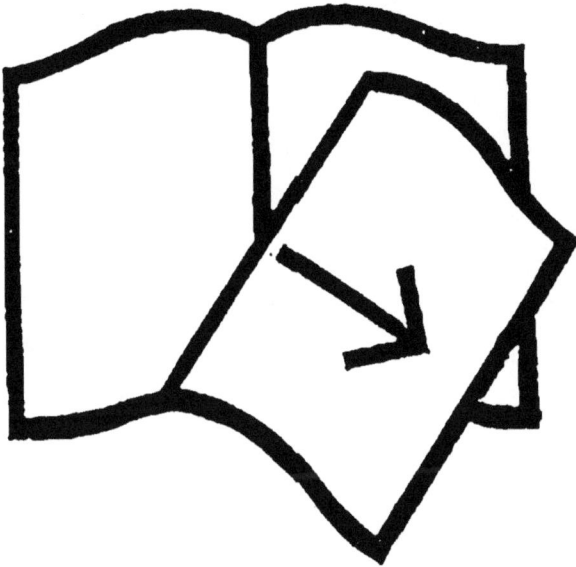

Documents manquants (pages, cahiers...)
NF Z 43-120-13

www.ingramcontent.com/pod-product-compliance
Lightning Source LLC
Chambersburg PA
CBHW050000100426
42739CB00011B/2448